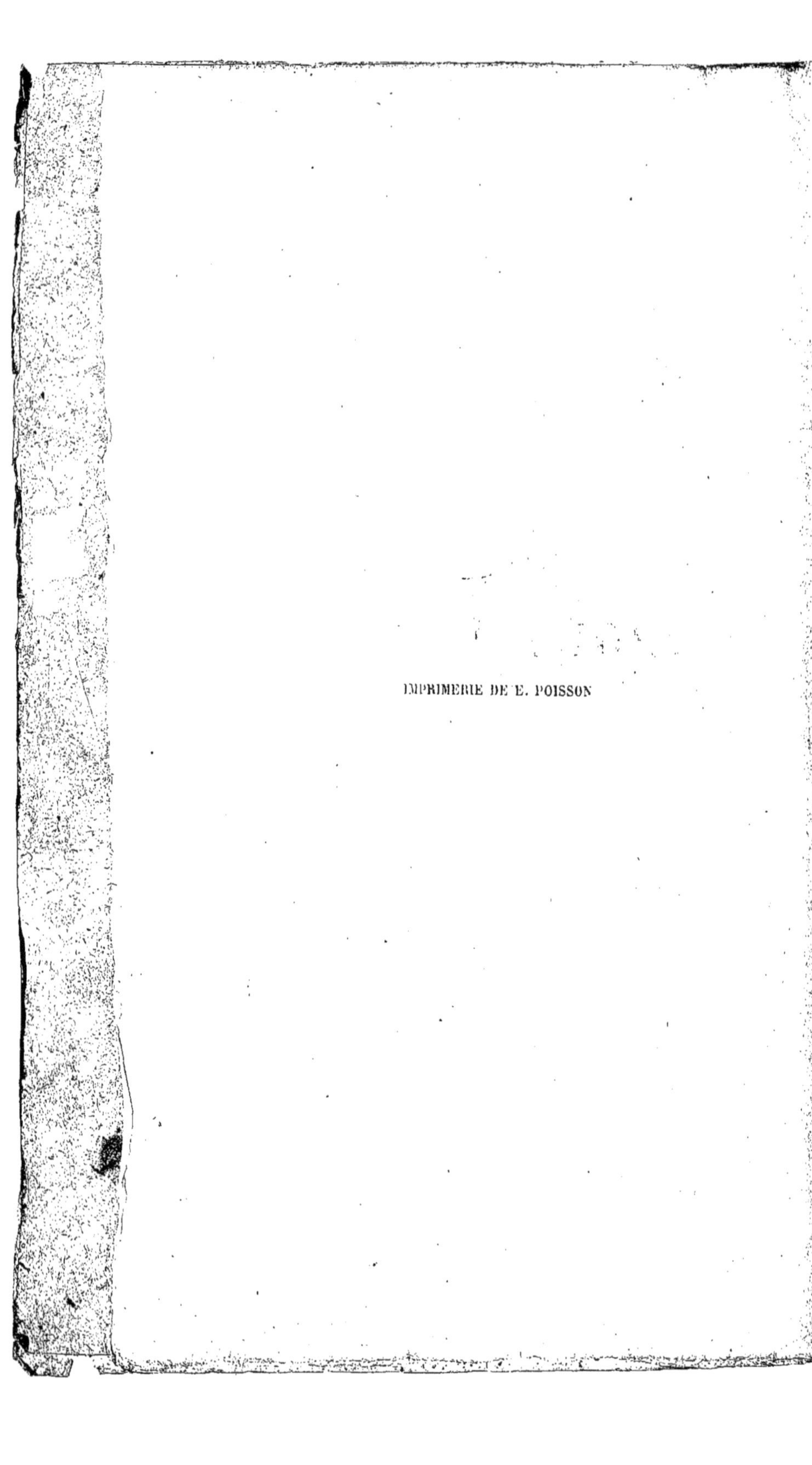

IMPRIMERIE DE E. POISSON

GUIDE

POUR LES COMMERÇANTS

QUI FONT DES AFFAIRES AVEC L'ÉTRANGER

ET QUI ONT DES RAPPORTS AVEC LES DOUANES

INDIQUANT

LES DROITS A PAYER SUR TOUTES LES MARCHANDISES

TANT A L'ENTRÉE QU'A LA SORTIE

Avec des Notes et Renseignements utiles au Commerce.

SECONDE ÉDITION.

PARIS
LEDOYEN, LIBRAIRE-ÉDITEUR
Palais-Royal, 31, Galerie d'Orléans.

1857

Dans un temps où le commerce prend un si grand développement, on ne saurait offrir trop de moyens de faciliter les transactions, car, pour toute spéculation en marchandises étrangères, il est indispensable de connaître à l'avance ce qu'il y aura à payer à la douane et les dispositions relatives aux importations et exportations. Sous ce rapport, ce petit manuel sera d'une grande utilité pour toutes les classes de commerçants; et on n'a même pas besoin d'être dans les affaires pour prendre intérêt à ce qui se rattache aux produits de l'industrie nationale et au mouvement général du commerce.

DISPOSITIONS LÉGISLATIVES

EN VIGUEUR

SOUS FORME DE DICTIONNAIRE.

1. Abandon. — On peut abandonner les marchandises dont on ne veut pas acquitter les droits, mais il faut que cet abandon soit fait par écrit, pour qu'il n'y ait pas à y revenir.

Elles sont vendues au profit de l'État.

2. Acquit-a-caution. — C'est un acte important dont le but est de garantir les droits sur les marchandises qui en font l'objet. Il accompagne la marchandise étrangère dans tous ses mouvements, depuis son entrée sur le territoire jusqu'à ce qu'elle retourne à l'étranger par terre ou par mer, ou qu'elle acquitte les droits pour être consommée en France. Il est toujours délivré pour aller d'une douane sur l'autre.

faire que par navire français, sauf les exceptions autorisées.

Toutes les marchandises françaises ou nationalisées y sont admises en franchise, à l'exception des sucres, qui paient à leur entrée 10 fr. le quintal.

Tous les produits venant de l'Algérie sont soumis aux droits du tarif, sauf les articles désignés dans les deux tableaux joints à la loi du 11 janvier 1851.

Le n° 1er indique les produits naturels.

Le n° 2 les objets fabriqués.

Tout ce qui est compris dans ces deux tableaux est admis en franchise à vue des pièces justificatives.

Les produits étrangers et ceux extraits des entrepôts, les denrées coloniales et le sucre indigène, acquittent les droits du tarif algérien.

Les objets d'entrepôts primitivement importés par navire français conservent leur privilége; ceux venus par navires étrangers paient comme provenant des entrepôts d'Europe.

Les introductions par terre sont interdites, sauf quelques dispositions relatives au Maroc, et menus articles de consommation locale.

Tout ce qui s'importe en Algérie vient des États barbaresque et d'Europe : Angleterre, Espagne, Italie, et peu d'autres provenances.

6. Angleterre. — Les restrictions relatives aux produits de l'Asie, de l'Afrique et de l'Amérique,

sont abolies par décret du 10 mai 1854. Ainsi, les importations de ces pays par navires anglais paient le droit applicable à tous les navires étrangers.

Les produits de toute origine importés directement d'Angleterre ou de ses possessions en Europe, sont assimilés au régime et droits des navires français. (Ordon. du 8 février 1826.)

7. Argenterie des voyageurs. — Toute argenterie de ménage peut être admise sans autorisation préalable. Les pièces reconnues empreintes du poinçon français sont remises en franchise des droits de douanes et de garantie.

L'argenterie de fabrication étrangère est poinçonnée et paie le droit de marque. Mais la douane ne perçoit rien.

Les étrangers sont toujours libres de se réserver de remporter leur argenterie dans le délai de 3 ans, en consignant les droits et en remplissant les formalités.

8. Armes. — Les armes et munitions de guerre sont prohibées à l'entrée et à la sortie, et il ne peut y avoir d'autres exceptions que celles autorisées par le gouvernement.

Les armes de luxe et de spéculation entrent comme tous les objets de commerce ; à la sortie, on exige le certificat d'un officier d'artillerie attestant qu'elles ne font point partie de celles à l'usage des troupes. Il n'y a que la Belgique qui nous envoie des armes de luxe.

Le port des armes cachées est toujours défendu, mais les voyageurs ont le droit de porter les armes nécessaires à leur défense personnelle.

Assureurs et intéressés dans les entreprises de fraude sont punis comme les contrebandiers.

9. Avaries. — La loi accorde, sur les marchandises avariées par suite d'événements de mer, une réduction de droits proportionnée au degré de dépréciation; mais il faut que la vente en soit faite publiquement et avec le concours du receveur des douanes.

L'administration a le droit de prendre l'adjudication à son compte, en payant en sus 5 % au dernier enchérisseur.

On peut bénéficier les marchandises, en extraire les parties avariées, et même les réexporter si on ne veut pas les vendre.

La réduction s'établit sur certificats constatant le prix sur place des mêmes produits en bon état.

Par exemple: si c'est du café qui vaut, à l'état sain, 120 fr., et que celui avarié n'ait été vendu que 80 fr., la valeur sera réduite d'un tiers, et le droit de 60 fr. tombera dans la même proportion à 48 fr. (le calcul sera facile).

10. Belgique.— Concessions du traité du 17 novembre 1849 et 27 février 1854.

Droits d'entrée.		par terre et par navire français ou belge.
Houblon	les 100 kil.	40 francs.
Encre à imprimer	id.	25 »
Poterie faïence fine, de la couleur de la pâte, plats et assiettes	id.	33 »
Poterie faïence fine, de la couleur de la pâte, autres pièces	id.	66 »
Poterie faïence fine, imprimées, plats et assiettes	id.	60 »
Poterie faïence fine, imprimées, autres	id.	90 »
Poterie faïence fine, peintes ou dorées	id.	165 »
Carton en feuilles	id.	25 »
Papier peint pour tenture	id.	00 »
tous autres	id.	25 »
Livres en français, gravures et lithographies, cartes géographiques, musique gravée	id.	20 »
Chapeaux de paille grossiers	pièce.	» 40
Tresses de paille fines	le kil.	2 75
Caractères d'imprimerie	100 k.	30 »
Planches gravées pour impression sur papier autre que pour tenture	id.	20 »
Ardoises pour toiture, par terre	le 1,000	4 »

Toutes autres marchandises importées directement de Belgique par navire belge, — régime des navires français.

(Les produits spécifiés en l'art. 22 de la loi du 28 avril 1816 ne peuvent venir de la Belgique par terre que par les bureaux de Lille et Valenciennes.)

Pour le tarif des fils et tissus de lin et étoffes croisées en coton, voir le traité.

11. Boissons. — Les droits en ce moment sont réduits à presque rien. Entrée de tous les vins ordinaires et vins de liqueur, 25 cent. l'hect. Sortie: 01 c. et 1 fr.

Mais les droits de consommation intérieure sont

toujours les mêmes; on en est dispensé pour les boissons qu'on expédie à l'étranger ou aux Colonies. C'est le seul intérêt de la vérification à la sortie, et qui exige le concours de la régie et de l'octroi.

12. Cabotage. — Les formalités prescrites pour les transports par mer sont indispensables pour empêcher les abus qui résulteraient des relâches à l'étranger ou des communications faciles en cours de voyages pour introduire des marchandises frauduleusement. Ce service est l'objet d'une grande surveillance, et il est rare qu'on ait à constater des fraudes de ce genre.

Les déclarations et visites sont les mêmes que pour les marchandises venant de l'étranger ou y allant. Cependant on a simplifié beaucoup les opérations en ce qui se rattache aux articles dont les droits sont devenus insignifiants.

Le bureau de destination reconnaît le plombage et l'identité à vue des expéditions dont le capitaine est toujours porteur.

S'il ne se trouve que des différences peu importantes, on souscrit l'engagement de justifier que ce n'est que le résultat d'erreurs au port de départ; on ne saurait supposer d'autres causes pour ce qui ne représente que quelques centimes de droits.

13. Capitaines des batiments de commerce. — Ils ont beaucoup d'obligations à remplir aux douanes de France et aux douanes des pays où ils abordent. La loi les a rendus garants de tous délits de fraude à leur bord, et ils ont souvent des hommes qui ne se feraient pas scrupule de les compromettre pour un simple paquet de cigares. Ils doivent veiller à ce qu'il ne s'embarque rien sans permis. Il faut aussi une grande attention au lieu de chargement, afin qu'il ne se trouve pas au retour un colis en plus ou en moins, deux cas qui entraînent une amende. Avant de partir, ils doivent bien s'assurer qu'ils ont tous les acquits, certificats et pièces nécessaires pour un privilége quelconque.

Le mobilier du navire et tous les objets d'approvisionnement doivent être reconnus par la douane et portés aux expéditions de voyage, afin qu'il n'y ait pas de difficulté pour en obtenir la réadmission en franchise.

Ils ont aussi un grand intérêt à connaître les droits en vigueur au moment de leur départ, et ils peuvent d'autant mieux s'y fixer dans leurs spéculations, qu'au retour une augmentation ne leur serait pas applicable, s'il était bien prouvé qu'ils ne pouvaient connaître cette nouvelle taxe à l'époque du chargement. Ainsi, ces tarifs et autres renseignements qui se trouvent ici sont particulièrement utiles aux capitaines.

14. Cartes a jouer. — L'entrée en est prohibée et la sortie n'en est permise que pour celles à portraits étrangers de fabrication française.

La circulation et la vente en sont interdites ; il n'y a que les marchands autorisés qui puissent en fournir avec la bande et le timbre de la régie.

15. Colonies. — Le commerce des colonies ne peut se faire que par navires français de 40 tonneaux au moins.

On y expédie en franchise toutes les marchandises françaises ou nationalisées par le paiement des droits.

Les objets de cette nature peuvent être chargés en même temps pour les pays hors d'Europe situés sur la route ou au-delà de la colonie, et même y vendre, à l'occasion, tout ou partie de la cargaison, se réservant d'en acquitter les droits au retour.

Ils peuvent prendre dans nos entrepôts tous les produits étrangers non prohibés pour être réintégrés dans ceux qui ont été établis dans ces îles par la loi du 12 juillet 1837, mais ils ne peuvent retirer pour leur consommation que les articles dénommés dans cette loi, tous les autres devant leur être fournis par la métropole.

Voici les denrées qui font l'objet des chargements de retour et qui jouissent de modération de droits quand elles arrivent en droiture dans un port d'entrepôt.

DE TOUTES LES COLONIES. (*Antilles, Guyanne, Bourbon.*)	DE LA GUYANNE.
Sucre.	Potasse.
Bonbons.	Bois d'ébénisterie.
Confitures.	Cannelle.
Sirops.	Cassia-lignea.
Rhum.	Colle de poisson.
Tafia.	Piment.
Mélasse.	Poivre.
Casse confite.	Rocou.
Café.	Muscade.
Cacao.	Macis.
Coton.	DE LA MARTINIQUE.
Girofle.	Liqueurs.
Bois de teinture autres que les bois de Fernambouc, de Sapan et de Nicagara.	DE BOURBON.
	Muscades et Macis.

Celles qui ne sont pas comprises dans cette nomenclature payent comme venant des pays hors d'Europe.

Les objets pris sous voiles peuvent aussi être admis avec certaines réserves. Ils paient en outre les droits de sortie de la colonie.

Le sucre, le café et quelques autres articles pris à Sainte-Marie-de-Madagascar, sont traités comme venant de Bourbon.

Les capitaines sont tenus de rapporter toutes les pièces justificatives nécessaires pour obtenir le privilége.

Il ne sera pas sans intérêt de trouver ici le résumé des navires expédiés aux colonies et établissements français des divers ports, pendant les deux dernières années.

(Les petits chiffres sont pour l'année 1854.)

Ports de départ.		Bourbon	Martiniq.	Guadelo.	Guyane.	Sénégal.
Dunkerque.	1855	»	3	1	2	1
	1854	»	4	2	3	1
Dieppe.		3	3	»	»	»
		2	»	»	»	»
Le Havre.		12	35	39	»	17
		10	36	37	»	7
Rouen.		»	»	»	»	7
		»	»	»	»	13
Granville.		1	1	4	»	»
		»	1	1	»	»
Saint-Malo.		3	1	3	»	»
		2	1	»	»	»
Saint-Servan.		1	5	3	»	»
		»	4	1	»	»
Morlaix.		»	»	»	»	»
		»	1	1	»	»
Nantes.		68	2	25	9	1
		51	9	23	9	1
La Rochelle.		1	»	1	»	1
		2	»	»	»	»
Bordeaux.		22	22	22	9	32
		17	25	20	5	25
Marseille.		25	27	25	12	57
		20	38	24	10	34
Toulon et Calais.		»	»	»	»	2
		»	»	»	»	2

Pour les établissements français de l'Inde.	de Marseille.	4
		4
	de Bordeaux	3
		3
Pour Madagascar (Sainte-Marie).	de Nantes.	3
		2

16. COMMISSAIRES EXPERTS. — Ils ont été institués par la loi du 27 juillet 1822, et placés au ministère du commerce pour statuer sur les difficultés qui peuvent s'élever entre la douane et le commerce relativement à l'espèce, l'origine ou la qualité des produits, soit pour l'application des droits, priviléges, etc.

Dans ce cas, on souscrit l'engagement de s'en rapporter à la décision des experts, et la marchandise est laissée à la disposition du déclarant. Le receveur se charge de l'envoi des échantillons, et la décision qui intervient est définitive et personne n'y peut rien changer.

17. DÉCLARATIONS AUX BUREAUX MARITIMES. — On nomme déclaration en gros le dépôt du manifeste. C'est l'état général du chargement, auquel on attache une haute importance. On veut que tout y soit porté afin que rien n'échappe à la perception ; tout le contenu doit passer ensuite aux déclarations en détail qui doivent être présentées dans les trois jours, par les consignataires et intéressés à la cargaison.

Elles doivent contenir le nom du navire et du capitaine, le lieu du départ ; porter en marge les marques et numéros, énoncer la qualité, le poids ou la mesure *en toutes lettres*, en se servant toujours des dénominations du tarif ; on spécifiera le poids net, si on ne veut pas s'en tenir à la tare légale. *V. Tares.*

Il est de principe qu'on n'y peut rien changer, mais on permet cependant quelques rectifications, quant au poids, au nombre, la mesure ou la valeur, lorsque le déclarant en fait la réclamation dans le jour et avant la visite.

Ce n'est qu'une tolérance, puisque la douane offre toutes les facilités pour examiner les objets avant la déclaration, son intention étant de favoriser le commerce en tout ce qui n'est pas contraire à l'esprit des réglements.

Quant aux liquides en futailles, sucres bruts, et autres marchandises sujettes au coulage, on n'est pas tenu d'en déclarer la mesure ni le poids.

La déclaration oblige à l'acquittement; les objets ne pourraient rétrograder. Le droit exigible est toujours celui en vigueur le jour de l'enregistrement de cet acte.

Frontières de terre. — Les formalités sont les mêmes, sauf que par terre les marchandises doivent être déclarées dès que la voiture arrive devant le bureau, et que le voiturier peut faire sa déclaration écrite ou verbale; s'il ne sait pas signer, il en est fait mention. S'il ne s'agissait que de dix colis dont le conducteur ignorerait le contenu, il pourrait en réclamer l'ouverture, et le droit serait perçu sur ce qui serait constaté.

Les expéditions de circulation ne sont remises au voiturier qu'au moment de son départ par la route directe.

Les marchandises prohibées déclarées de bonne foi ne sont point saisissables.

Les fausses déclarations donnent lieu à des amendes, mais s'il y a de fortes présomptions que ce n'est que le résultat de l'ignorance, on y a égard, et cela s'arrange par transaction.

Quant aux marchandises qui paient à la valeur, c'est le prix courant de la place qui doit faire la base de la déclaration. Tous les calculs pour établir le prix de revient ne peuvent être admis que comme renseignements. Ces prix de factures, fret, assurances, etc., sont trop variables et les DROITS ne seraient pas égaux pour tous.

18. DOUANES DE L'INTÉRIEUR.— Elles ont été établies par la loi du 25 ventôse an VIII, afin que la visite des marchandises destinées à l'exportation et dont l'emballage exige des soins, puisse avoir lieu sous les yeux des expéditeurs. On paie le droit de sortie, les colis sont plombés et dirigés sur le bureau désigné accompagnés de l'acquit de paiement. La douane se borne à une visite superficielle.

Mais on peut toujours expédier tout simplement à la frontière. Le droit, au lieu de 2 fr. le quintal, n'est que de 25 cent., et on économise le plombage.

Ces bureaux sont Paris, Lyon, Orléans, Metz,

Toulouse et autres, qui sont devenus entrepôts et qui perçoivent les droits d'entrée sur ce qu'on y déclare pour la consommation.

19. **Droits accessoires** perçus par la Douane.

Pour la réexportation par mer, 15 c. par 100 fr. de valeur, ou 51 du quintal.

Même droit sur les marchandises de retour.

Droit de dépôt dans les magasins de la douane, 1 p. % de la valeur.

Droits de timbre des expéditions:

Acquits-à-caution, 75 cent.
Passavant, 05 cent.
Quittance au-dessus de 10 fr., 25 cent.
au-dessous, 05

Droits de navigation:

Tonnage. — Tous paquebots servant exclusivement au transport des voyageurs, paient à raison d'un tonneau par passager.

Tous navires étrangers ne jouissant d'aucun privilége, 3,75 par tonneau.

Navires français et anglais venant des possessions anglaises en Europe, 1 fr. par tonneau.

Navires français venant de tout autre pays, exempts.

Navires américains, 5 fr. par tonneau.

Navires hollandais venant des Pays-Bas avec chargement, 1 fr. 05 par tonneau pour toute une année.

Droits d'expédition des navires étrangers non assimilés aux étrangers

Jusqu'à 200 tonneaux, 18 francs.

Au-dessus, 36

(Ce droit n'est pas dû par les navires exempts du tonnage.)

Passe-ports acquits, permis et certificats des bâtiments étrangers, 1 fr. par acte.

Pour les français, 50 c. par acte.

Les étrangers verront ici clairement les droits de navigation à payer, d'après les traités qui les assimilent aux français.

20. Echantillons. — Doivent les droits comme les marchandises dont ils font partie.

Si ce sont des articles prohibés à l'entrée, la douane y appose un plomb ou cachet et fait souscrire l'obligation de les réexporter par le même bureau dans un délai fixé.

Si ce sont des produits français dont on veut se réserver la faculté du retour, on remplit les formalités. La douane vous remet l'acquit de paiement joint à la note descriptive visée par le receveur; avec cela, la réadmission a lieu par tous les bureaux principaux.

Il n'y a rien à faire pour les échantillons sans valeur commerciale, qui sortent et entrent librement.

21. EFFETS A USAGE DE VOYAGEURS.—Les étrangers qui viennent en France ont toujours joui de quelque immunité pour leurs effets à usage, ce qui sans doute se pratique partout, mais on leur a fait successivement d'importantes concessions qui ne peuvent que les encourager à nous venir plus souvent.

Ils peuvent apporter dans leurs bagages des vêtements neufs et autres effets neufs, confectionnés en objets prohibés pour leur usage personnel, et dans des proportions en rapport avec l'ensemble du bagage, sans qu'on puisse faire objet de commerce d'aucun article.

Ceci s'entend de tout ce qui sert à vêtir les personnes des deux sexes : tels que manteaux, habits, robes, chapeaux, chaussures, châles, gants, pièces de lingerie neuves façonnées pour le corps, la table et le lit.

On peut encore présenter des coupons pour pantalons, gilets; mais des étoffes pour robes qui prennent des pièces entières, il ne faudrait pas trop y compter, car les tissus en pièces sont toujours inadmissibles.

Tout cela paie à raison de 30 p. % de la valeur qui doit être déclarée avant la visite, ainsi que tout ce qui pourrait être assujetti à un droit ou régime quelconque.

Les articles non prohibés acquittent les taxes qu'on trouvera au grand tableau alphabétique.

Les vêtements supportés en assortiment de voyage sont admis en franchise, ainsi que les instruments des artistes, outils portatifs des ouvriers, livres à usage, quelques articles de lingerie et autres utiles aux voyageurs *en petite quantité.*

Quant à ce qui compose un mobilier qu'on voudrait introduire, le tout serait admis à **15** p. % de la valeur.

Les visites corporelles se sont bien adoucies depuis que les voyageurs ont tant de facilité pour faire entrer ce qui leur est agréable. Voyez *Argenterie, Tabacs, Voitures de voyage.*

Il y a un réglement entre la Belgique et la France pour faciliter les visites de bagages et marchandises transportées par les chemins de fer. Au moyen de wagons plombés, on est dispensé de la vérification aux frontières, laquelle se ferait à Paris ou autre douane désignée.

Ce réglement est sanctionné par décret du 25 janvier 1853, avec réserve de lui donner de l'extension sur d'autres points.

22. Entrepots. — Toutes les marchandises étrangères peuvent y être admises jusqu'à ce que le commerce trouve à en disposer avantageusement, soit en France, en acquittant les droits, soit en les réexportant où l'on veut, par mer ou par terre en transit. (*V. ce mot*).

La durée de l'entrepôt est de 3 ans, mais on obtient des prolongations.

On commence par en faire la déclaration, comme pour la consommation immédiate. Quand le vérificateur a terminé sa visite et remis un certificat contenant toutes les indications dont on pourra avoir besoin pour l'application du droit, les marchandises sont conduites à l'entrepôt et portées en charge au sommier, *compte-ouvert*. Les quantités qu'on fait sortir ensuite du magasin sont enregistrées au fur et à mesure, et il faut que les sorties réunies soient égales aux quantités entrées; on n'admet de déficit que sur certaines marchandises pour cause de déchet naturel.

Lorsqu'il s'agit de réexportation ou de mutation d'entrepôt, les parties qu'on veut embarquer sont vérifiées à la sortie des magasins, conduites à bord par un préposé porteur du permis. Là, elles sont encore reconnues avant l'embarquement, et le navire est surveillé jusqu'à ce qu'il ait pris la mer. La mutation d'entrepôt est accompagnée d'un acquit-à-caution qui relate toutes les indications voulues, de sorte qu'au port de destination, si on désire en acquitter le droit de suite, la remise de l'acquit dispense de toute formalité. On ne vérifierait que pour voir s'il n'y aurait pas quelque chose en plus, car en moins on n'y aurait pas égard, sauf les cas d'avaries (*V. ce mot*).

Les marchandises prohibées ne peuvent être admises que par les bureaux ci-après marqués P.

L'entrepôt réel consiste en magasins ordinairement réunis dans la même enceinte et fermant à deux clefs. Celles du commerce sont souvent confiées à un agent qui a là son logement. Il y a aussi un service de douanes organisé pour la surveillance et les opérations. L'entrepôt fictif régit tout ce qui n'est pas sous la clef de la douane. Ce sont les denrées des colonies qui se déposent dans les magasins des négociants jusqu'à réexportation ou acquittement dans l'année (1). Le même régime s'applique à des marchandises d'encombrement peu importantes sous le rapport du droit, et qui ne pouraient trouver place dans les magasins. On les met sur le quai, sous des hangars, ou autres lieux convenus. Le droit en est garanti. Ce sont des bois, matériaux, charbons, goudrons, etc. L'enlèvement n'en est pas permis avant l'acquittement : on ne peut même les déplacer.

Il y a ensuite les entrepôts de l'intérieur, où le commerce peut expédier des ports et bureaux frontières toutes les marchandises admises à transiter. De là on peut les livrer à la consommation, les expédier sur un

(1) Cependant les tafias, liqueurs, sirops et mélasses doivent être sous la clef de la douane.

autre entrepôt, ou les réexporter par terre ou par mer, le tout sous les conditions et formalités des entrepôts réels. Il y en a déjà 6 ou 7, mais on peut en créer dans toutes les villes qui voudront en faire la dépense.

Voir la nomenclature de ces entrepôts:

Ceux marqués P sont ouverts ou prohibés.

Abbeville.
Adge.
Arles.
Bayonne P.
Bordeaux P.
Boulogne P.
Caen.
Calais.
Cannes.
Cette P.
Cherbourg.
Dieppe P.
Dunkerque P.
Granville.
Honfleur.
La Rochelle.
Le Havre P.
Le Legué.
Lorient.
Marseille P
Morlaix.
Nantes P.
Port-Vendres.
Rochefort.
Rouen.
Saint-Malo P.
Saint-Servan P.
Saint-Valéry-sur-Somme P.

A l'intérieur, Avignon, Lyon, Metz, Mulhouse, Orléans, Paris, Strasbourg et Toulouse.

23. Exportations et importations. — Les produits de tous les pays arrivant par navires étrangers ou par terre sont soumis au même droit. (2e colonne du tableau.)

Il n'y a de modération que pour les navires français et les bâtiments étrangers qui leur sont assimilés, mais ces différences ne portent que sur les marchandises taxées au poids; il n'y a aucune distinction pour les autres.

Dès que le navire est entré dans le port et que le capitaine a déposé son manifeste à la douane, les intéressés peuvent faire leurs déclarations, soit pour la consommation, l'entrepôt ou le transit. Tout ce qui est compris au manifeste doit être déclaré dans les trois jours. *V. déclarations.*

Les droits sont perçus sur ce qui a été reconnu à la vérification; ils doivent être acquittés avant l'enlèvement (1).

Il y a des amendes contre les fausses déclarations, mais ce qui est déclaré de bonne foi n'est pas saisissable.

A la sortie, les formalités sont bien simples : les droits sont si minimes! On se borne à une visite très-superficielle. Cela n'a d'autre intérêt que les états de commerce : la sortie ne saurait être trop facilitée. Toute l'attention du service se porte sur les expéditions avec primes et les réexportations.

Beaucoup de personnes verront avec intérêt le relevé de quelques articles les plus productifs des douanes, et les plus importants de nos exportations.

(1) On accorde bien des crédits, mais tout le monde ne peut en profiter. La maison la plus solvable doit encore fournir deux signatures à la convenance du receveur; d'ailleurs cette faveur ne peut être réclamée que par les négociants qui sont admis à en jouir. Il faut encore que la somme s'élève à plus de 600 francs.

Droits perçus en 1855.

(Rien au-dessous de 1,000 fr.)

Sucre des colonies.	37,067
Sucre étranger.	35,000
Café.	25,000
Coton.	16,000
Laines.	15,000
Houille.	8,300
Fonte brute.	5,300
Cacao.	2,700
Fer en barres.	1,800
— rails.	2,700
Huile d'olive.	2,600
Eaux-de-vie.	2,400
Citrons, oranges.	1,800
Graine de sésame.	2,300
Poivre.	887
Houblon.	816
Peaux vertes, sèches.	900
Indigo.	653
Suif brut.	650
Cigares.	623
Rubans de soie.	608
Fruits secs et autres.	500
Mercerie.	230
Bimbeloterie.	227
Effets à usage.	200

Exportations—en millions.

Acide stéarique, *bougies*,	41
Amandes.	3
Batiste et linon.	8
Bestiaux, mulets.	15
Beurre.	9
Bijouterie d'or.	9
Bouteilles.	6
Châles de laine.	21
Crêpes et tulle.	13
Cuivre brut.	4
Etoffe de soie unie.	150
façonnée.	39
Fruits secs et autres.	5
Gants de peau.	27
Garance moulue.	14
Graines à ensemencer.	12
Habillements neufs.	25
Huiles de graines grasses.	10
Légumes secs.	4
Médicaments composés.	8
Meubles.	6
Œufs.	9
Ouvrages de modes.	30
en caoutchouc.	8
en peaux, cuir.	25
Papier blanc.	7
pour tentures.	4
Parfumeries.	11
Peaux tannées, corroyées.	21
Pièces de lingerie cousues.	13
Poissons marinés.	8
Porcelaine.	8
Produits chimiques.	6
Rubans de soie et velours.	117
Savons ordinaires.	6
Soies moulinées.	12
Sucre raffiné, candi.	26
Tabletterie.	6
Tissus mérinos.	22

Tous les autres tissus représentent des valeurs considérables, et la prime dont ils jouissent contribue à en augmenter l'exportation.

Inutile de parler des boissons, dont la sortie est très-inférieure aux années précédentes.

24. Exposition universelle. — Le tableau du commerce général de 1855 contient un chapitre du

plus haut intérêt sur les produits de l'Exposition. Il présente d'abord le résumé des valeurs par puissance, puis le développement le plus détaillé par nature et par groupes, indiquant dans quelle proportion chaque pays y a contribué. Par exemple :

Orfévrerie d'argent, valeur totale 965,000 fr.

L'Angleterre, pour	825	égal 965,000
Associat. Allemande	85	
Indes anglaises,	47	
Espagne,	8	

Il est entré 19,000 colis de marchandises étrangères, estimées 22 millions.

L'Angleterre y serait pour moitié, mais on peut mettre en dehors la valeur de son diamant de quatre millions; restera encore le tiers à son compte.

Viennent ensuite comme chiffres les plus élevés un diamant de la Belgique de 500,000 francs, et une mosaïque toscane de 400,000, brisée par accident de voyage.

Les droits acquittés n'ont monté qu'à 343,000 fr., malgré la facilité exceptionnelle d'introduire des objets prohibés à raison de 20 p. %.

Les trois cinquièmes sont des produits anglais.

Il n'est venu que pour 34,193 fr. de cachemires des Indes qui sont restés en France.

On a admis en franchise les articles offerts par les étrangers à la loterie des veuves et orphelins de l'armée d'Orient, et à divers établissements publics.

25. **Grains.** — C'est encore la loi du 15 avril 1832 qui est en vigueur pour les céréales.

Les droits sont toujours échelonnés sur la variation des prix, mais depuis longtemps ces variations n'ont rien changé aux droits d'entrée ; elles ont élevé, au contraire, la sortie à un taux qui en arrête naturellement l'exportation, car la spéculation n'y trouverait pas son compte.

Quand le blé est cher, on voit que le gouvernement prend toutes les mesures pour en favoriser et augmenter l'introduction ; ainsi, les étrangers qui ent apportent sont affranchis de tout droit de surtaxe et de navigation. Ils peuvent même faire les transports par cabotage, étant en tout assimilés aux navires français.

Mais, comme ce regime doit cesser avec le retour aux prix modérés, voici un petit tableau qui sera suffisant pour faire connaître l'application de la taxe dans tous les cas.

PRIX RÉGULATEURS dans les classes.				ENTRÉE par hectolitre.		SORTIE.
1er	2e	3e	4e	Navires français et par terre	Navires étrangers.	
28	26	24	de 22 à 21,01	» 25	» 50	6 »
27	25	23	de 21 à 20,01	» 25	» 50	4 »
26	24	22	de 20 à 19,01	1 25	2 50	2 »
25	23	21	de 19 à 18,01	2 25	3 50	» 25
24	22	20	de 18 à 17,01	3 25	4 50	» 25
23	21	19	de 17 à 16,01			

Remarquez bien que ces taxes ne varient que

lorsque les prix régulateurs ont baissé ou haussé d'un franc entier: les centimes intermédiaires ne changent rien.

On ajoutera à ce dernier droit d'entrée une nouvelle surtaxe de 1 fr. 50 par chaque franc de baisse.

La sortie agit en sens inverse: chaque franc de hausse en sus de 28, 26, 24 ou 22, donne lieu à un supplément de 2 fr. par hectolitre.

Si l'importation a lieu par navire étranger, on ajoutera aux taxes du tableau 1 fr. 25 par hect.

Dès que les prix sont arrivés de 20 à 21 (4e classe), le droit tombe à 25 cent. et ne change que quand il y a baisse.

(L'exemple de la 4e classe peut servir pour les trois autres.)

Le droit sur les grains d'espèce inférieure se règle d'après les proportions suivantes.

Pour le seigle,	60 p. °/₀.	des droits applicables au froment.
— le maïs.	55 p. °/₀.	
— l'orge.	50 p. °/₀.	
— le sarrasin.	40 p. °/₀.	
— l'avoine.	35 p. °/₀.	

Ce qui équivaut aux 3/5 du droit pour le seigle, moitié pour l'orge, etc. C'est un calcul facile; on trouvera que 60 p. °/₀ d'un franc 25 est 75 cent.; il suffira de savoir ce qu'on aurait à payer pour du froment.

Le poids légal de l'hectolitre est, pour le froment, de 76 kilos; le seigle, 66; l'orge, 60; ainsi, dans dans les petits bureaux où il ne se trouve point de mesure, chacun de ces poids représente un hectolitre.

Dans les douanes où tout se mesure, on prend également le poids moyen du chargement en en pesant 2 à 3 sur cent.

(La diminution des importations de 1855 n'a pas d'autre cause que la guerre de Russie, qui nous a privés des arrivages d'Odessa).

On trouve bien au *Moniteur* le droit à percevoir par mois dans chaque sction d'après les prix régulateurs. Mais il est bon de connaître ce qui compose cette section.

Voici la division des départements frontières en 4 classes, en commençant par le Var, et en suivant toujours la ligne des douanes :

Depuis le Var jusqu'aux Pyrénées Orientales, 1re classe, section unique.

Depuis l'Arriège jusqu'à la Gironde, 2e classe, 1re section.

Charente-Inférieure, Vendée, Loire-Inférieure, 3e classe, 3e section.

Depuis le Morbihan à la Manche, 4e classe, 2e section.

Le Calvados jusqu'au Nord, 3e classe, 2e section.

L'Aisne à la Moselle, 4e classe, 1re section.

Haut et Bas-Rhin, 3e classe, 1re section.

Le Doubs jusqu'aux Basses-Alpes, 2e classe, 2e section.

On a ouvert beaucoup de petits bureaux à l'entrée des grains, pour faciliter les approvisionnements des localités.

26. Heures d'ouverture des bureaux. — D'après la loi organique, les bureaux doivent ouvrir l'été à 7 heures du matin et fermer à 7 heures du soir, avec interruption de midi à deux heures. Mais dans beaucoup de douanes on ne fait plus qu'une séance, qui ne peut être de moins de 7 heures en hiver et 8 en été.

Dans certaines localités, on a conservé l'ancien régime, parce que les ouvriers, soit par besoin de repos ou par habitude, tiennent à cette interruption de midi. Tout cela est le résultat d'arrangements avec le commerce.

27. Jaugeage des batiments. — Pour le navire qui n'a qu'un pont, on ne prend que trois dimensions, la longueur du pont de l'étrave à l'étambot ; la plus grande largeur et la plus grande hauteur prises en dedans, le tout multiplié l'un par l'autre et divisé par 3,80.

Ce mode est applicable à tous les navires étrangers pour la perception du droit de tonnage.

Les français paient aussi à l'étranger d'après la jauge énoncée aux papiers de bord.

Les américains sont taxés chez nous à 5 fr. par tonneau pour tous droits de navigation.

Pour les bateaux à vapeur, il y a une autre manière d'opérer; c'est cependant le même calcul, mais un résultat qui donnerait, par exemple, 100 tonneaux pour un navire à voiles serait réduit à 60 pour un vapeur.

Pour les réexportations, il suffit que ces bateaux jaugent 12 à 15 tonneaux.

28. Lois de Douanes. — Elles peuvent être modifiés par des décrets qui sont ensuite présentés au Corps législatif pour être convertis en loi.

Ces décrets peuvent, en cas d'urgence, augmenter ou diminuer les droits, restreindre ou prohiber l'entrée ou la sortie de certaines marchandises, et faire au tarif tous les changements réclamés par les circonstances.

Les délais de promulgation sont connus, mais il y a des cas où il faut hâter l'exécution des nouvelles lois pour arrêter des spéculations nuisibles au but qu'elles se proposent.

29. Marine militaire. — Les commandants des bâtiments de l'État sont soumis aux mêmes formalités de douanes que les capitaines des navires marchands.

Il ne peut y être embarqué aucunes marchandises pour compte de commerce.

Tous les produits tirés de l'étranger pour les besoins de la marine paient les droits du tarif.

30. NAVIGATION (*priviléges réservés à la navigation française*).

Les navires français ont seuls le droit de faire le cabotage et les voyages des colonies et établissements français.

Les marchandises qu'ils rapportent de ces colonies, de l'Inde et autres contrées, jouissent de modérations de droits gradués selon les provenances.

Ceux qui font la grande pêche reçoivent des primes d'encouragement ; ils sont affranchis du droit de tonnage pour tous voyages à l'étranger, sauf les pays d'Europe sous la domination anglaise.

Mais il faut, pour être admis à la francisation, que les officiers et les trois quarts de l'équipage soient Français. L'acte de francisation est signé par le ministre des finances ; il doit toujours être à bord, pour que le navire soit reconnu et jouisse partout des priviléges attachés à la navigation nationale.

Les navires ne peuvent changer de nom, ni être démolis sans autorisation. En cas de vente ou perte, on est tenu d'en justifier. (*V. Marine de l'Etat.*)

Résumé de la situation de la marine marchande au 1er janvier 1856.

Nombre des navires à voile: 14,023 ; dans ce nombre, 6 sont de construction étrangère, introduits par suite du décret du 17 octobre 1855, qui autorise cette admission pendant un an.

Bateaux à vapeur: en tout 225 ainsi répartis :

Dunkerque.	4	La Rochelle.	4
Calais,	3	Bordeaux.	8
Le Havre.	28	Arles.	6
Rouen.	27	Marseille.	91
Honfleur,	2	La Seyne.	4
Granville.	2	Toulon.	3
Vannes.	2	Cannes.	2
Nantes.	20		

Les ports de Dieppe, Caen, St-Malo, Brest, Lorient, Bayonne et Cette n'en ont qu'un. Celui qui fait le service de Cherbourg au Havre appartient à ce dernier port.

Depuis le décret du 17 octobre jusqu'à janvier 1856, il en a été admis onze de construction étrangère.

31. Naufrages. — Quand un navire est jeté à la

côte pendant la nuit, il est toujours aperçu par les employés de service. Ce sont eux qui portent les premiers secours et qui empêchent que rien ne soit enlevé de ce qui peut encore être sauvé. La marine intervient ensuite; c'est elle qui est chargée de toutes les opérations de sauvetage, à moins qu'il ne se trouve sur les lieux quelque agent consulaire ou autre autorisé à représenter les intéressés à la cargaison.

Dans tous les cas, rien ne se fait sans la présence des agents des douanes, qui doivent surveiller tous les mouvements des marchandises, les escorter jusqu'aux magasins, dont on doit leur remettre une clef, et la copie des inventaires. Ils assistent à toutes les mesures prises pour la conservation et le bénéficiement des parties avariées.

Les ventes sont faites avec le concours du receveur, à charge du paiement des droits et de réexportation du prohibé.

Il en est de même si c'est la marine qui procède à la vente. Le produit, dans ce cas, est versé à la caisse des invalides, pour être remis à qui de droit.

En quelque lieu que se trouve l'échouement, le droit de la douane est le même que si le navire était dans le port.

32. Paris. — Le commerce a la faculté d'expédier de la douane de Paris les marchandises qu'il

désire envoyer à l'étranger, en énonçant, dans sa déclaration, le bureau par où il veut les faire sortir. C'est une facilité pour la visite et l'emballage, qui peuvent s'opérer sous les yeux de l'expéditeur. On paie 2 fr. par 100 kilos; l'acquit est remis avec les colis plombés. La douane de sortie se borne à reconnaître le plombage, et le tout passe à l'étranger, sans autre formalité.

On expédie des bureaux frontières sur la douane de Paris (mais presque toujours avec autorisation préalable) les objets destinés aux ministres, aux agents diplomatiques, aux divers établissements publics, etc. Les étrangers qui habitent Paris ou qui désirent s'y établir, peuvent obtenir aussi l'autorisation d'y faire venir tous articles de mobilier, convenablement emballés, pour être plombés au bureau d'importation et expédiés sous acquit-à-caution.

Ces colis arrivent à la douane, place du Marais, où le droit est acquitté.

33. Pataches.— Ce sont de petites embarcations établies pour surveiller le mouvement des bâtiments dans les deux myriamètres des côtes, et empêcher toute manœuvre ayant pour but quelque opération frauduleuse, soit en transbordant sur des barques de pêche, ou en déposant sur des rochers des marchandises prohibées ou sujettes aux droits. Elles suivent les navires étrangers jusqu'à leur entrée

dans le port, et peuvent même mettre des préposés à leur bord.

Les navires qui sortent emportant des articles de prime ou de réexportation d'entrepôt, sont l'objet d'une surveillance spéciale, afin que rien ne puisse être remis à terre.

34. Pays-Bas. — *Traité du 25 juin 1841.*

Importations par navire français et hollandais. —

Fromage pâte dure, les 100 kilos,	10 fr.
Ceruse de Hollande, 2/3 du n° 214,	13 33

Toutes autres marchandises importées directement des Pays-Bas, sous pavillon hollandais, — même régime que par navires français.

La Hollande jouit seule de la faculté d'introduire en France, pour la consommation, les marchandises spécifiées dans l'art. 22 de la loi du 28 avril 1816 par *le Rhin et la Moselle,* sous pavillon français et hollandais, et par les bureaux de Strasbourg et Sierck, au droit des provenances d'Europe par navire français ; par les autres bureaux, comme tous navires étrangers. La Belgique peut aussi en introduire par deux douanes de terre. (*V. ce mot.*)

Détail de ces marchandises comprises dans l'art. 22.

Sucre, café, cacao, indigo, thé, poivre, piment, girofle, canelle, cassia-lignea, muscades et macis, cochenille, rocou, bois exotique de teinture et d'ébénisterie, coton en laine, sucs végétaux exotiques, dents d'éléphants, écailles de tortues et nacres de perles.

Ces objets peuvent cependant entrer par d'autres bureaux de terre, mais seulement pour l'entrepôt et la réexportation.

35. Pêche de la Morue et de la Baleine. — Cette pêche est toujours encouragée par le gouvernement, parce que c'est là où se forment nos bons marins.

La prime pour la morue est de 50 à 15 fr. par homme embarqué, selon la destination. Il y a ensuite une autre prime sur les produits de pêche qu'on expédie, soit des lieux mêmes, soit des ports de France à nos colonies et autres pays hors d'Europe, ainsi que dans les Etats étrangers situés sur la Méditerranée. Cette prime varie selon les endroits et les distances.

Les navires expédiés pour la pêche ne doivent se livrer à aucune opération de commerce et ne peuvent rapporter que des produits de leur pêche. Des bâtiments de l'Etat sont chargés de les surveiller, afin qu'il ne puisse s'engager de communications avec les pêcheurs étrangers qui auraient pour but d'introduire en France du poisson étranger, en fraudant le droit et en cherchant à participer à la prime réservée à la navigation nationale.

Les allocations actuelles vont jusqu'au 30 juin 1861. Ces encouragements n'ont pas empêché le ralentissement de la pêche; il y a été expédié moins de navires depuis deux ans; il n'en a même été armé aucun pour la baleine l'année dernière, mais la précédente, il en était parti 7 du Havre et 1 de Bordeaux. Cette prime porte sur le tonnage des bâtiments.

Voici le rélevé des navires expédiés des ports ci-après pour la pêche de la morue, en 1854 et 1855.

(Les petits chiffres en dessous sont pour 1854.)

Port	1855 / 1854	Port	1855 / 1854
Gravelines,	13 / 14	Bayonne,	7 / 7
Dunkerque,	97 / 102	Le Havre,	7 / 7
Dieppe,	14 / 18	Paimpol,	7 / 8
Granville,	73 / 77	Binic,	24 / 24
Saint-Servan,	42 / 45	Fécamp,	37 / 23
Saint-Malo,	34 / 41	Morlaix,	3 / 5
Le Legué,	19 / 25	Saint-Valery,	5 / 5
Portrieux,	9 / 8	Brest,	2 / 4
Bordeaux,	9 / 8	Cette,	4 / 7

Ces navires peuvent encore prendre dans les entrepôts les objets nécessaires aux provisions des équipages pour toute la campagne.

Pour arriver à toucher ces primes, il y a beaucoup de formalités à remplir, mais cela regarde les armateurs.

36. Permis. — C'est une expédition remise au déclarant en échange de sa déclaration, et qui n'en

est que la copie. C'est à vue de cette pièce que se font toutes les opérations, et auxquelles concourt le service actif, qui ne laisse rien débarquer, rien enlever que ce qui est porté sur le permis. La visite se fait sur la même pièce pour toutes les destinations. Aucune marchandise ne sort d'entrepôt sans permis, et s'il s'agit d'une réexportation, les préposés assistent à l'embarquement, et leur signature est indispensable au dos du permis pour opérer la décharge. La prime ne serait pas payée non plus si le passage à l'étranger n'était pas bien constaté par les deux services.

La loi a édicté des peines pour les embarquements et débarquements sans permis ; ainsi, on fera bien d'en être toujours muni, si on ne veut pas être mis à l'amende.

37. Préemption. — C'est la faculté accordée à l'administration de prendre à son compte les marchandises déclarées au-dessous de leur valeur pour éluder une partie du droit.

Elle s'exerce dans les trois cas ci-après :

Lorsqu'il y a mésestimation d'objets tarifés à la valeur.

Sur l'importation des laines.

Sur les marchandises vendues publiquement par suite d'avaries de mer. Dans ce cas, on ne paie au dernier enchérisseur que 5 p. % en sus de son adjudication. Dans les deux autres cas, toujours 1/10 en sus de la valeur déclarée.

Cette rigueur ne s'applique pas aux objets de mobilier ou de peu de valeur; seulement on engage les personnes à une déclaration plus exacte ou l'on refuse l'admission.

38. Primes.— Les primes sont calculées de manière à indemniser les fabricants des droits payés sur les matières brutes qu'ils ont employées aux marchandises destinées à l'exportation, afin de les mettre à même de soutenir la concurrence à l'étranger.

Ces encouragements ne sont pas seulement dans l'intérêt du fabricant, mais des fabriques, qui font vivre tant d'ouvriers, et dont l'activité dépend du plus ou moins d'écoulement des produits.

Quant à certains droits qui restent à la charge des nationaux, c'est une légère charge ignorée de la plupart des consommateurs.

Pour obtenir ces primes, il faut produire les quittances des droits d'entrée, et les certificats de fabriques; elle est payée à celui qui fait les déclarations et qui justifie de l'exportation. Toute marchandise de primes est exempte de droit de sortie, sauf les viandes et beurres salés qui ne sont pas dispensés de leur taxe de 25 cent.

En cas de fausse déclaration pour obtenir une

prime qui ne serait pas due, il y aurait lieu à une amende triple de la somme qu'on aurait cherché à soustraire.

Il est délivré un passavant contenant toutes les indications nécessaires au paiement de la prime; il accompagne les marchandises plombées jusqu'au bureau désigné pour la sortie, où, malgré le plomb, la douane fait une reconnaissance exacte du tout.

L'embarquement est constaté par dautres agents, et on s'assure, au moment du départ pour l'étranger, que les colis sont à bord dans le même état; ce n'est qu'après ces formalités complètement remplies et constatées au dos du passavant que la prime est soldée au bureau désigné pour l'exportation.

Ces primes portent sur les fils et tissus de laine et de coton, le sucre raffiné, le savon, meubles d'acajou, peaux tannées, chapeaux de paille, cuivre et plomb ouvrés, bouteilles de verre (15 millions de kilos), et autres produits dérivés du sel.

Par terre, les vérifications au bureau de sortie sont les mêmes, et les marchandises sont conduites à l'étranger sous l'escorte des préposés.

39. Provenance.—La provenance par mer, c'est le lieu du départ du navire pour les étrangers, le pavillon et le pays de chargement ne font rien au droit, qui est égal pour tous ceux avec lesquels il n'existe aucun traité de commerce. (*V. ce mot.*)

Quant aux bâtiments français, les différences de taxes se voient à la première colonne du tableau. Elles sont variées et graduées selon les marchandises et les pays d'où elles viennent.

Par terre, la provenance, c'est le pays limitrophe qui touche à la frontière. Dans les états de commerce, on ne connaît d'autres puissances voisines que l'Espagne, la Belgique, l'Autriche, la Suisse et les Etats sardes ; tous les autres font partie de l'Association allemande.

Ce sont principalement la Prusse, la Bavière, la Saxe, le Wurtemberg, le grand-duché de Bade, de Nassau, de Luxembourg, Francfort-sur-le-Mein et autres petits Etats.

Les pays de provenance deviennent pays de destination pour la sortie.

40. Provisions.— Celles embarquées sur navires français pour les besoins de l'équipage et des passagers sont exemptes de tous droits.

On n'a plus d'intérêt à limiter ces approvisionnements, sauf pour les grains quand ils sont chers, car pour tous les articles taxés à 25 cent. on ne saurait, au contraire, trop en favoriser la sortie. Seulement les capitaines doivent tenir à ce que tout soit porté sur les permis visés qui leur sont remis et qu'ils rapportent, afin que ce qui reste soit reconnu et réadmis en franchise.

S'ils ont des provisions d'origine étrangère, elles doivent être portées au manifeste, et le droit est perçu sur les objets débarqués.

Les étrangers paient les droits sur les provisions comme sur les marchandises d'exportation; le biscuit seul en est dispensé, mais on peut limiter la quantité.

Tout navire ayant le tonnage voulu peut extraire des entrepôts tout ce quil veut embarquer, quand il s'expédie pour l'étranger.

Les bâtiments de l'Etat peuvent y prendre aussi des objets d'approvisionnement, ainsi que les navires qui vont à la grande pêche, dans des quantités proportionnées au nombre d'hommes et à la durée du voyage; mais tout cela ne peut se prendre en détail comme dans une boutique d'épicerie.

41. Réexportations. — Il y a deux moyens de réexpédier à l'étranger les marchandises qui en proviennent; la voie de mer et la voie de terre.

Si on veut réexporter par le port d'arrivée, les formalités sont bien simples: l'expéditeur déclare ce qu'il désire faire embarquer, ces objets sont reconnus à la sortie de l'entrepôt, conduits à bord par un préposé, embarqués d'après le permis, en présence d'autres employés qui ont la surveillance jusqu'au départ.

Souvent les négociants expédient pour un autre

port où il se trouve des bâtiments à la destination qui leur convient. C'est ce qu'on appelle mutation d'entrepôt.

La voie de terre, c'est le régime du transit (*voir ce mot*). Les formalités sont plus compliquées, puisqu'il s'agit de transport par voitures sur des points très éloignés. Ces expéditions se font par acquits-à-caution qui offrent toutes garanties et qui accompagnent toujours les marchandises. Arrivées au bureau de destination, le commerce peut encore opter pour l'acquittement ou la réexportation.

42. Remboursement de droits.—Toute demande en remboursement de droits, loyers, etc., est nulle au bout de deux ans. L'administration n'a qu'une année pour réclamer contre de fausses perceptions, omissions de droits, etc. Pour la restitution du trop payé par le commerce à raison d'erreur quelconque, il faut une autorisation de l'administration. Si c'est le déclarant qui redoit, il suffit d'une liquidation supplémentaire qu'il acquitte de suite.

43. Restrictions. — Les marchandises dénommées dans la loi du 28 avril 1816 (art. 22) ne peuvent être introduites que par les ports d'entrepôts sur des navires de plus de 40 tonneaux. Elles ne peuvent entrer par terre pour la consommation, sauf l'exception en faveur des Pays-Bas (*voir*

ce mot, où le détail de ces marchandises se trouve, voir aussi Belgique).

Les denrées coloniales qui jouissent d'une modération de droits ne peuvent entrer également que par ces mêmes entrepôts. (*Voir Colonies.*)

Les marchandises taxées à plus de **20** fr. les **100** kilos ne sont admises qu'aux bureaux ci-dessus et autres de quelque importance, les autres articles entrent partout. Mais quand dans les petites douanes ils se présente des voyageurs ou gens du pays qui rapportent en petites quantités des denrées coloniales, effets à usage et de ménage, outils, instruments aratoires, et autres menus objets de toute nature non prohibés, on les admet au droit qui leur est applicable.

Il y a encore quelques restrictions spéciales pour les laines, châles de cachemire, tapis, livres et autres qui se trouvent indiqués en note aux articles qui les concernent.

Il n'y a de restrictions à la sortie que pour les grains, tabacs fabriqués, boissons et objets de primes; les autres marchandises peuvent s'exporter par tous les bureaux; on ne saurait ouvrir assez de portes pour laisser sortir ce que nous avons de trop en fabrications de toute espèce.

44. Sel. — L'impôt du sel a été confié à l'administration des douanes déjà organisée par un autre service, ce qui est une notable économie de frais de perception. Les sels étrangers avaient toujours été prohibés, mais on en a permis l'introduction à cause de l'insuffisance momentanée de nos produits. Il en vient peu, mais il en entrera encore moins dès que le temps favorisera les récoltes. Le commerce a plus d'avantages à vendre le sel du pays, qui jouit d'un boni de 5 p. °/₀, tandis qu'il n'en est point accordé au sel étranger, qui a, de plus, un droit d'entrée à supporter. Ceux-ci jouissent également de l'entrepôt, mais ils doivent être emmagasinés séparément. Sauf réexportation directe, il faut qu'ils acquittent d'abord leur droit de francisation et avant celui de consommation. (*V. le tarif.*)

S'il n'y a pas d'entrepôt au port où le navire aborde, il paye le droit sur la totalité avant la mise à terre.

Le poids se constate ordinairement par le mesurage, en se servant du demi-hectolitre. Le service en fait peser au hasard 4 à 5 sur cent. Toutes ces pesées sont additionnées: le total se divise par le nombre de ces pesées pour avoir la moyenne, laquelle se multiplie ensuite par le nombre des mesures, et le résultat forme le poids légal.

Le droit de consommation a été réduit à 10 fr. par 100 kilos, par la loi du 28 décembre 1848, et ne produit plus que 26 ou 28 millions.

45. Surtaxe. — C'est un supplément de droit établi en faveur de la navigation nationale, par la loi du 27 mars 1817, et qui s'applique à toutes les importations par navires étrangers et par terre, mais seulement pour ce qui est tarifé au poids, car pour toutes les autres marchandises, il n'y a aucune distinction.

Cette surtaxe est d'un dixième sur les premiers 50 fr.; de 50 à 300 fr., un vingtième, et au dessus il n'est rien ajouté, de sorte que le maximum est de 17 fr. 50 cent. La surtaxe se trouve quelquefois dans d'autres proportions, mais c'est la loi qui a réglé spécialement ces articles. Quand la loi n'en parle pas dans les nouvelles tarifications, elle doit être ajoutée comme ci-dessus.

46. Tabacs. — Il ne peut en être importé que pour compte de la régie, et la sortie doit toujours être accompagnée d'expéditions.

Il existe quelques exceptions pour des petites quantités de tabac de santé ou d'habitude, dont on demande l'admission.

Ces quantités ne peuvent excéder 10 kilos pour le tabac en poudre ou en carottes, et qui paye à raison de 10 fr. le kilo — et 2,000 cigares à 24 fr. le kilo sans décime.

Il faut que le nom du destinataire soit déclaré.

La douane perçoit le droit et remplit les formalités pour en assurer l'arrivée.

Quant aux petites provisions des marins ou voyageurs n'excédant pas un kilo, ou 500 cigares, on en acquitte le droit tout simplement après déclaration.

Toutes ces facilités n'empêchent pas qu'il n'en passe encore en fraude un certain nombre ; on en saisit chaque anuée plus d'un million, et on ne saisit pas tout. Ce qui est acquitté produit encore 6 à 700 mille francs.

47 Tare à déduire des marchandises qui paient au net. Ce sont celles tarifées à plus de 40 fr. du quintal, et quelques autres désignées au tableau.

Sucre des Colonies en futailles,	13 p. °/₀
de l'étranger, d°,	12
en caisse,	12
en sacs, simple emballage,	2
avec tous les emballages,	5
Café, cacao, poivre,—caisses ou futailles,	12
balles ou sacs,	3
Coton en laine (sauf de Turquie):	
balles de 50 kilos et plus,	6
de moins de 50 kilos,	8

Toutes autres marchandises tarifées au net (sauf les soies et anchois).

Caisses ou futailles,	12 p. °/₀
Balles, sacs, paniers, etc.	2

Les ouvrages et tissus de soie d'or ou d'argent, les plumes apprêtées, le nankin de l'Inde, paient toujours sur le net reconnu ; pour tous les autres articles, on a la faculté de s'en tenir à la tare ci-dessus ou de faire constater le poids net.

48. Tarif. — Le tarif se trouve dans tous les bureaux et est tenu toujours au courant des lois et décrets qui sont transmis par le directeur général. Il y a souvent des changements, car ces lois sont aussi variables que les causes qui les font naître ; mais ils ont en général pour but de protéger le travail et le commerce en vue de nous affranchir autant que possible de la main-d'œuvre étrangère. Ce qui a le plus contribué à cet objet important, ce sont les prohibitions du 10 brumaire an V, qui ont forcé l'industrie à produire ce qu'on ne pouvait plus faire venir des autres pays. Le même régime protecteur ayant été suivi par tous les gouvernements, les fabrications ont pris un grand développement progressif qui, tout en approvisionnant l'intérieur, nous ont mis à même d'expédier au-dehors de valeurs considérables.

La loi veut que le tarif et les dispositions qui s'y rattachent soient communiqués à tous ceux qui désirent en prendre connaissance ; mais il arrive souvent qu'on aime mieux demander un renseignement que se donner la peine de le chercher, d'autant plus qu'il n'est pas toujours facile de trouver le droit de certains articles compris dans des groupes tarifiés sous une seule dénomination ; tels que tissus en pièces ou confectionnés; bonneterie, passementerie, mercerie, tabletterie, coutellerie, outils, instruments et autres : ouvrages en bois, en métaux ; fruits, poissons, gibier, volailles, et tant d'autres.

On conçoit que cette classification générale a dû souvent donner lieu à des doutes et difficultés pour la perception et qui ont fait l'objet de beaucoup de décisions administratives.

Les droits protecteurs et les taxes sur les objets de pure consommation forment une des belles branches du revenu de l'Etat. On pourrait en prendre une idée par le relevé des perceptions faites dans les grandes douanes ci-après en 1854 et 1855.

IMPORTATIONS:

	1854	1855
Le Havre.	37,959,000	48,858,000
Marseillle.	36,152,000	37,813,000
Nantes.	18,000,000	24,687,000
Paris.	15,622,000	19,683,000
Bordeaux.	13,300,000	18,141,000
Rouen.	4,540,000	6,379,000

Il y a également augmentation dans tous les autres bureaux.

Le total des recettes de 1855 s'élève à 226 millions. Les acquittements d'objets de l'exposition n'y entrent que pour 343 mille francs.

L'impôt du sel y figure pour 28 millions.

Le sucre et le café forment moitié du produit des douanes.

La loi du 28 avril 1816, qui a fait d'importantes

améliorations dans le classement des marchandises, a taxé au poids tout ce qui en était susceptible.

Voici ce qui paie autrement qu'au poids :

A la valeur.

Ouvrages de modes.
Effets à usage.
Dentelles et tulles.
Pelleteries ouvrées.
Instruments d'optique et de chirurgie.
Objets de collection.
Ouvrages en bois
Gibier, volailles,
Et les n°s 23 et 573.

A la pièce.

Animaux (par tête).
Pelleteries, n° 843.
Cachemires de l'Inde.
Chapeaux, parapluies.

Instruments de musique.
Horlogerie (montres).
Meules.

A l'hectolitre.

Grains et boissons.

Au nombre.

Ardoises, tuiles, briques et autres matériaux.
Huîtres, sangsues.

Autres.

Glaces, au mètre carré.
Bois communs, avirons, charbon
Futailles, navires, vannerie (voir ces noms).

49. Traités de commerce. — Presque toutes les conventions commerciales n'ont pas d'autre objet que d'affranchir de la surtaxe les navires étrangers et de les assimiler pour les droits de navigation aux navires français. Dès qu'on a accordé cette faveur à quelques Etats, les autres l'ont réclamée, puisque nous demandions nous-mêmes à être traités comme la nation la plus favorisée.

Voici les pays avec lesquels il existe des traités : l'Angleterre, la Belgique et les Pays-Bas (voir ces noms pour ce qui les concerne), *et droits de navigation..*

Les autres sont le Brésil ; produits originaires par navires brésiliens, — comme navires français ; Naples et le Portugal, — même régime.

Les républiques de Bolivie, Paraguay, Dominicaine, Costa-Rica, de l'Equateur, du Mexique, des Etats-Unis, de Guatemala, de la Nouvelle-Grenade, de Venezuela;—mêmes droits que par navires français, tant pour la navigation que pour les marchandises importées directement.

50. Transactions.— Les juges ne pouvant modérer les peines en matière de douane, l'administration a été autorisée à transiger dans tous les cas.

Cette latitude est d'autant plus nécessaire que les pénalités sont quelquefois hors de proportion avec le peu d'importance de la fraude, et que les contraventions ne sont souvent que le résultat de l'ignorance.

Les chefs locaux s'entendent pour apprécier les valeurs qu'on cherchait à soustraire et les causes atténuantes des contraventions; si les offres sont reconnues acceptables, on les soumet au conseil d'administration qui y donne presque toujours son approbation.

51. Transit.— Le transit est le transport par terre des marchandises venant de l'étranger.

Celles qui sont entrées par mer peuvent être réexpédiées sur un bureau des frontières de terre, où elles ont la faculté d'acquitter le droit ou de repasser à l'étranger immédiatement.

On peut aussi les diriger sur un entrepôt de l'intérieur, où elles sont soumises au régime général des entrepôts.

Si les marchandises sont introduites par les frontières de terre, elles peuvent également être admises à ces mêmes entrepôts, être réexportées par une autre douane de terre, ou dirigées sur un bureau maritime, soit pour la réexportation directe ou la mise en entrepôt, aux conditions de celles venues par mer ; mais les marchandises dénommées dans l'art. 22 de la loi du 28 avril 1816, entrées par terre, ne peuvent être admises à la consommation.

Tout ce qui a été reconnu à l'entrée doit être réexporté, ou acquitter le droit de consommation en France. La loi n'admet aucune exemption, de sorte qu'en cas de perte ou vol, le droit n'en est pas moins dû par celui qui s'est engagé à le payer, et si les objets manquants étaient prohibés, on en solderait la valeur.

Les expéditions se font toujours par acquit-à-caution, lequel contient toutes les indications nécessaires et la garantie de tous droits, amendes, etc. Il est de rigueur que cet acquit soit visé au bureau de seconde ligne, en entrant comme en sortant.

Tout ce qui est admissible en entrepôt jouit du transit, sauf les articles ci-après, qui en sont exclus (1).

(1) Certains produits s'excluent naturellement, ce sont ceux qui ne sauraient supporter les frais de transport par terre, ou qui n'offrent pas les garanties que la loi exige.

Viandes, poissons, tabacs fabriqués, drilles, graisses, matériaux non emballés, tels que briques, ardoises, minerais.

Les boissons, mélasses, miels, beurres, produits chimiques, bitumes, sucre raffiné, sel marin ou sel gemme.

La chicorée moulue, les fers et fontes peuvent être admis à certaines conditions.

Le transit est une concession qui nous est profitable, mais qui exige de grandes précautions pour qu'il n'en soit pas abusé. La loi du 9 février 1822 régit à peu près tout ce qui s'y rattache; elle a prescrit les formalités nécessaires et édicté des peines sévères pour empêcher toutes manœuvres en cours de voyage qui auraient pour résultat de laisser dans l'intérieur des marchandises prohibées ou assujetties à de forts droits.

(*Voir cette loi, pour le mode d'emballage adopté, double plombage, échantillons, etc.*)

52. Voitures de voyageurs. — Par exception à la prohibition, les voitures à usage des étrangers sont admises en consignant au bureau d'entrée 1|3 de leur valeur. Au retour, on rembourse les 2|3 de ce dépôt, et le surplus reste au trésor.

La douane remet au propriétaire une quittance portant description de la voiture, afin qu'on en reconnaisse l'identité au bureau de réexportation, où la somme consignée est rendue au porteur de l'expédition, pourvu qu'il se présente dans les trois ans de la date.

Sont affranchies de la consignation les voitures qui arrivent avec des chevaux de poste ou par les chemins de fer, quand elles sont chargées de bagages et qu'il est évident qu'elles servent depuis longtemps.

Il en est de même de celles appartenant à des habitants des pays limitrophes, connus pour faire de courts voyages en France.

Les Français qui vont à l'étranger avec leurs voitures doivent avoir soin de se faire délivrer au bureau de sortie un passavent descriptif, afin de pouvoir rentrer librement, et sans être exposés à la consignation comme ci-dessus.

On peut aussi se réserver le retour en franchise des chevaux dont on acquitte le droit d'entrée.

53. Voyageurs.—Après l'article *Effets à usage*, il ne reste pas grand'chose à dire ; les étrangers peuvent emporter tout ce qui fait partie de leur ménage et même y ajouter quelques articles neufs du bottier, du tailleur, de la modiste, etc. Tout sera admis.

Les objets prohibés au droit de 30 francs pour 100 francs de valeur, mais seulement pour ce qui est à l'usage personnel des voyageurs.

Les articles tarifés, en quantités illimitées, et dont on peut voir les droits au tableau alphabétique—

parties de mobilier au droit de 15 p. °/₀ — les effets supportés, et autres dénommés page 18, n'ont rien à payer.

Il faut déclarer tout cela avant la visite. (*Loi du 2 juillet* 1836, *et règlements administratifs des* 29 *septembre et* 6 *janvier* 1841.)

Voyez *Argenterie, Voitures de voyage* et *Tabacs.*

Entrée.

Tous les articles où l'unité n'est pas énoncée paient à raison de 100 kilogrammes.

EXPLICATION
DES TABLEAUX
Nos 1 et 2.

Sortie.

Quand le droit de sortie n'est pas indiqué, c'est toujours 25 c. par 100 kilos.

(Voir l'article Tarif.)

La première colonne indique les droits à payer par navires français venant de tous pays. (Voyez page 40.)

La seconde est applicable aux étrangers, sans distinction de provenance ni de pavillon, et aux importations par les frontières de terre.

Cette seconde colonne n'est que la reproduction de la première, à laquelle on a ajouté la surtaxe sur tout ce qui est taxé au poids; il n'y a aucune distinction pour ce qui paye autrement qu'au poids. (Voyez *Surtaxe* et *Traités de commerce.*)

Tous les articles tarifés à plus de 40 francs le quintal payent au net, ainsi que les cotons et denrées coloniales. (Voir l'article *Tare.*)

Les droits de sortie sont très-minimes, et comme les 19/20es ont été réduits à 25 cent. les 100 kilos, on s'est dispensé de les marquer en énonçant tous les autres.

Ces chiffres inutiles ont été remplacés par des lettres qui renvoient aux lois qui ont fixé les droits en vigueur. (Page 80.)

A toutes les taxes des trois colonnes, il n'y a que les deux décimes à ajouter 1/5e.

Consulter les notes explicatives et chercher au tableau n° 2 ce qu'on ne trouve pas au n° 1er.

Le mot val. indique que l'objet paie à la valeur,— kil. au kilog.,— P prohibé.

DROITS EN VIGUEUR

AU 1er JANVIER 1857.

TABLEAU N° 1er.

Marchandises taxées nominativement.

Voir les explications ci-contre.	ENTRÉE PAR NAV. Français.		ENTRÉE PAR NAV. Étrangers et par terre.		SORTIE.
1 Acétate de fer *liquide*	——		——		L
2 — concentré à un degré quelconque	40	»	44	»	L
3 — de potasse et de soude	70	»	76	»	C
4 Acide phosphorique	62	»	67	60	C
5 — borique	»	25	»	25	—
6 — benzoïque d'Europe	110	»	115	»	C
7 — — d'ailleurs	100	»	115	»	
8 — oléique de l'Inde	2	»	8	»	
9 — — d'ailleurs	5	»	8	»	S
10 — Stéarique (b) en masse	25	»	27	50	
11 — — ouvré	35	»	38	50	
12 Acier en barre, naturel ou fondu	30	»	33	»	
13 — en tôle *de toute espèce*	50	»	55	»	(e)
14 — filé, même blanchi	70	»	76	»	(e)
15 — ouvré	P.		P.		
16 Agaric amadouvier brut	——		——		(a)
17 — — préparé *amadou*	13	»	14	30	C
18 — de mélèze	»	»	»	»	(a)
19 Agates brutes	——		——		(a)
20 — ouvrées *chiques*	20	»	22	»	A
21 — — autres . . . le kil.	2	»	2	20	D
22 Agneaux . . . par tête.	»	10	»	10	» 10
23 Agrès et apparaux de navires (13)	20 p. %.				1/4 %
24 Aiguilles à coudre, ayant de longueur					
4 cent. ou moins . . . le kil.	8	»	8	80	
de 4 inclus. à 5 exclus. . . id.	5	»	5	50	
plus de 5 centimètres . . . id.	2	»	2	20	M
25 Albâtre brut	1	»	3	50	K
26 — ouvré	15 p. %.				1/4 %
27 Aloes des pays hors d'Europe	50	»	60	»	N
— d'ailleurs	55	»	60	»	
28 Alun brûlé ou calciné	89	40	97	20	F
29 — autre	25	»	28	»	
30 Amandes en coques ou cassées	1	»	3	»	F
31 Ambre gris . . . le kil.	62	»	67	60	C
32 Amidon	21	»	23	40	C
33 Amome (a) d'Europe	10	»	20	»	
— d'ailleurs	——		20	»	
34 Ancres en fer de 250 k. ou moins	15	»	16	50	B
— de plus de 250 kilogrammes	10	»	11	»	
35 Anes et ânesses (14) . . . par tête.	——		——		1 »

	Voir les explications en tête du présent tableau.	ENTRÉE PAR NAV.		SORTIE.
		Français.	Étrangers et par terre.	
36	Animaux vivants non dénommés.. . .	exempts		(14 b)
37	Anis vert.	20 »	22 »	
38	— étoilé de l'Inde.	15 »	40 »	
	— — d'ailleurs.	30 »	40 »	
39	Antimoine sulfuré.	1 »	3 »	
40	— métallique..	26 »	28 60	F
41	Arachides et noix de Touloucouna.. .	(V. tableau n° 2).		
42	Ardoises pour toitures (15).	» »	» »	» »
43	— en carreaux ou en tables. le cent.	30 »	30 »	» 50
44	Argent brut en masse, lingots. . le kil.	» 05	» 05	C
45	— battu, laminé ou filé. . . . id.	30 »	33 »	
46	Argentan en masse..	1 »	2 »	(f)
47	Armes de guerre (16).	P.	P.	P
48	— de commerce *à feu*.	200 »	212 50	B
49	— de chasse, de luxe *blanches*. . .	400 »	417 50	C
50	Arsenic métallique..	—	—	
51	Arsenic blanc.	1 »	1 10	
52	Avirons . . . . . . (le mètre de long).			
	bruts.. . . . . (et par terre 0,02).	» 02	» 04	1/4 %
	façonnés.	» 05	» 06	id.
53	Azur de Cobalt, *en poudre*..	» 50	1 50	
54	BALAIS de bouleau, bruyères, etc. . . .	» 25	» 25	
55	Barbotine, *vermifuge*.	—	—	
56	Bateaux de rivière. . . . . le tonneau.	20 »	20 »	C
57	Batiments de mer (17). . . . . . . id. .	prohibés		exemp.
58	— à dépecer non doublés. id. .	» 25	» 25	2 »
59	— — doublés en métal. id. .	» 60	» 60	2 »
60	Batiste et linons.	25 »	27 50	A
61	Baume de Copahu d'Europe.. . le kil.	2 »	2 20	N
	d'ailleurs. . . . id. .	1 50	2 20	
62	— Benjoin d'Europe.	110 »	115 »	N
	d'ailleurs.	100 »	115 »	
63	— Storax, naturel, sec, rouge. . .	41 »	45 10	
	en pains.	17 »	18 70	
64	— non dénommés d'Europe. le kil.	2 »	2 20	
	d'ailleurs. id. .	1 50	2 20	
65	Bestiaux (voir les noms).	D. du 14 sept. 1853.		
66	Betteraves (G)..	» 30	» 30	
67	Beurre frais ou fondu.	3 »	3 30	
68	— salé (19).	5 »	5 50	
69	Becs de plumes en métal. . . . le kil.	4 »	4 40	
70	Billes de billards *en ivoire*. . . . id. .	4 »	4 40	
71	Bière. . . . . l'hectol.	6 »	6 »	» 15
72	Bijouteries d'or. . . . . l'hectog.	20 »	22 »	C
	d'argent. . . . . id. . .	10 »	11 »	
73	Bimbeloterie (20).	80 »	86 50	
74	Bitumes solides.	—	—	» 01

Chercher au tableau n° 2 ce qu'on ne trouve pas ici.	ENTRÉE PAR NAV. Français.	Etrangers et par terre.	SORTIE.
75 Bitumes fluides.	» 05	1 »	(f)
76 Blanc de baleine par navire français. .	» 20	——	
par navire étranger.			
77 — brut de l'Inde.	5 »	15 »	
78 — des pays hors d'Europe. .	7 50		
79 — des entrepôts (Décret du 14 fév. 1855).	10 »		
80 — pressé.	20 »	22 »	
81 — raffiné.	50 »	55 »	
82 Blanc d'argent.	35 »	38 50	
83 Blanc de plomb.	30 »	33 »	
84 Bleu de Prusse (plus 10 % de la val.).	150 »	160 »	
85 Bœufs. . . . , ... par tête.	3 »	3 »	1 »
86 Bois à brûler en bûches ou fagots. . .	» »	» »	P
87 Bois de toute espèce, venant des colonies et du Sénégal (D. du 10 déc. 1855).	——	——	(*)
88 Bois à construire, de pin et sapin bruts ou équarris à la hache ou sciés à plus de 80 milli. . . le stère.	» 05	» 10	» 12
— de 34 à 80 milli. . . les 100 mètres.	» 05	1 »	» 50
— de moins de 34 planch. dites chom. et autres. . . . . les 100 mètres.	» 05	1 »	» 15
	» 05	1 »	» 25
Bois d'orme.	mêmes droits à l'entrée.		double.
89 Autres (sauf le noyer): par mer.	comme pin et sapin.		25 »
90 — par terre.	comme bois d'orme.		
91 Bois de noyer scié en planches ou plateaux de 1 m. 46 cent. de long et ayant d'épaisseur plus de 80 millimètres. . . . . le stère.	——	» 15	30f. le quintal
de 27 à 80 millim. les 100 mètres.	——	1 »	
en tout autre état.	com. bois à construire		n° 89
92 Mâts de 40 cent. de diamètre. . pièce.	(22)	——	37 50
93 Matéraux de 25 à 40 cent. (f). . . . id.	——	——	15 »
94 Espares de 15 à 25 cent. . . . . . id.	——	——	3 75
Pigouilles de 11 à 15. . . . . id.	——	——	1 »
95 Manches de gaffes de 6 à 11. . . . id.	——	——	» 50
96 Perches. . . . . le 1,000.	» 25	» 25	P
97 Echalas. . . . . id.	» 25	» 25	1/4 %
98 Bois en éclisse pour seaux, etc. . . id.	» 10	2 »	id.
99 Bois feuillards. . . . . id.	» 10	1 50	» 50
100 Bois odorants d'Europe.	10 »	15 »	(a)
d'ailleurs.	——	15 »	
101 Bois d'ébénisterie, en billes ou			
102 — sciés à plus de 3 décimètres:			

(*) A la sortie, ces bois suivent le régime des autres.

N°	*Voir les explications en tête du présent tableau.*	ENTRÉE PAR NAV. Français.	Etrangers et par terre.	SORTIE.
103	Bois d'ébène de l'Inde. . les 100 kil.	2 »	10 50	K
104	— des autres pays hors d'Europe.	4 »		
	des entrepôts.	7 50		
105	— Gaïac et Angica d'Europe.	4 »	7 »	»
	d'ailleurs.	1 »	7 »	»
106	— de cèdre et cailcedra d'Europe.	5 »	8 »	»
	d'ailleurs.	1 25	8 »	»
107	— de buis.	3 »	5 50	»
108	Bois d'acajou, hispanille et autres non dénommés: de l'Inde.	5 »	21 50	M
109	— d'ailleurs hors d'Europe.	7 50		
110	— des entrepôts.	18 50		
111	Bois d'ébénisterie sciés à trois décim. d'épaisseur ou moins. . les 100 kil.			
112	— Ébène de l'Inde, lieux de product.	2 »	10 50	»
	d'autres lieux.	6 »	31 50	»
113	— d'ailleurs, hors d'Europe.			
114	— des pays de production.	4 »	10 50	»
115	— autres lieux.	12 »	31 50	»
116	— des entrepôts.	22 50	31 50	»
117	Gaïac et angica.			
118	— des lieux de production.	1 »	7 »	»
119	— d'ailleurs, hors d'Europe.	3 »	21 »	»
120	— des entrepôts.	12 »	21 »	»
121	Cèdre et cailcedra (M).			
122	— des lieux de production.	1 25	8 »	»
123	— d'ailleurs, hors d'Europe.	3 75	24 »	»
124	— des entrepôts.	15 »	24 »	»
125	Buis des lieux de production.	3 »	5 50	»
126	— d'ailleurs.	9 »	16 50	»
127	Acajou, hispanille et autres,			
128	— de l'Inde, des lieux de product.	5 »	21 50	»
129	— d'autres lieux.	15 »	64 50	»
130	— d'ailleurs, hors d'Europe.			
131	— des lieux de production.	7 50	21 50	»
132	— d'autres lieux.	22 50	64 50	»
133	— des entrepôts.	55 50	64 50	»
134	Bois de teinture, *en bûches*. fernambouc, sapan, fustet, nicaragua, santal et autres:			
135	— venant des entrepôts.	5 »	6 »	(a)
	d'ailleurs.			
136	— moulus sans distinction.	20 »	22 »	K
A	Bois de fusil *en noyer*.	val. 15 p. %	le quint. 30 f.	
137	Boissellerie (ouvr. en bois). (23 b.)	4 »	4 40	C
138	Boîtes de bois blanc.	31 »	34 10	C
139	Bonbons.	comme sucre au-dessus du premier type		

	Chercher au tableau n° 2 ce qu'on ne trouve pas ici.	ENTRÉE PAR NAV. Français.	Etrangers et par terre.	SORTIE.
140	Bonneterie (24) de lin et chanvre. . .	200 »	212 50	A
141	— de laine.	P.	P.	
142	— de soie.	1200 »	1217 50	C
143	— de fleuret. . . . le kil.	6 »	6 60	A
144	— de poil de castor. . . .	400 »	417 50	A
145	— d'autres poils.	200 »	212 50	A
146	Borax brut de l'Inde.	——	6 »	
	d'ailleurs.	3 »	6 »	
147	— artificiel de l'Inde.	50 »	125 »	
	d'ailleurs.	100 »	125 »	
148	— mi-raffiné de l'Inde.	65 »	162 50	
	d'ailleurs.	130 »	162 50	
149	— raffiné brut ou artificiel.	180 »	191 50	
	Boucs et chèvres. . . . . . . par tête	——	——	» 15
150	Bougies de blanc de baleine.	220 »	233 50	H
151	— de cire blanche.	85 »	91 70	C
152	— de cire jaune.	50 »	55 »	C
153	Boules de bleu.	comme indigo		
154	Bourre de soie (G) en masse.			
155	— écrue.	——	1 »	kil.30
156	— teinte.	» 10	» 10	kil.30
157	— cardée *ouate*.	62 »	67 60	kil.30
158	— frisons peignés. le kil.	» 10	» 10	» 30
	autres. . . . . id.	» 10	» 10	» 30
159	— filée *fleuret* écrue. . . . . . id.	1 »	1 10	» 05
160	— teinte. . . . . . id.	3 »	3 30	» 05
161	Bouteilles de grès.	10 »	11 »	
162	— de verre remplies (le lit. de cont.)	» 15	» 15	» 01
163	— vides.	P	P	» 01
164	Boutons de passementerie en coton pur ou mélangé unis. . .	100 »	107 50	L
165	de matières autres que laine ou soie. . . . . façonnés	200 »	212 50	
166	— autres.	comme passementerie selon l'espèce.		
167	Boutons autres que de passem. fins. .	200 »	212 50	L
168	— communs.	100 »	107 50	
169	Bouvillons. . . . . par tête.	1 »	1 »	3 »
170	Brai sec (2).	5 »	5 50	M
171	Briques en terre cuite. . . . le mille.	4 »	4 »	H
	Briques à polir.	2 »	2 20	
172	Brome.	40 »	44 »	K
173	Bulbes ou oignons de fleur.	——	——	
174	Cables en fer pour la marine (25). . .	37 50	41 20	K
175	Cacao *en fèves* des colonies françaises	40 »	——	
176	— des pays à l'ouest du cap Horn. .	50 »	75 »	
177	— d'ailleurs, hors d'Europe.	55 »		
178	— des entrepôts (D. du 12 juin 1856)	65 »		

	Voir les explications en tête du présent tableau.	Entrée par nav. Français.	Étrangers et par terre.	Sortie.
180	Cachemires (tissus de) fabriqués aux fuseaux dans les pays hors d'Europe (26).			
181	Châles longs de toute dimension et carrés, de plus de 1 m. 80 c. pièce.	100 »	100 »	1/4
182	— carrés de moindre dimension. id.	50 »	50 »	%
183	Echarpes au-dessous de 180 cent. id.	50 »	50 »	
	autres.	P.	P.	
184	Cachou brut ou en masse de l'Inde.	——		
185	— des pays hors d'Europe.	8 »	20 »	
186	— des entrepôts.	15 »		
187	Café des colonies au-delà du Cap.	50 »	——	C
	en-deçà.	60 »	——	
188	— des établissements français sur la côte occidentale d'Afrique.	78 »	——	L
189	— de l'Inde.	78 »		
190	— d'ailleurs, hors d'Europe.	95 »	105 »	C
191	— des entrepôts.	100 »		
192	Café-chicorée et autre faux café.	P.	P.	
193	Camphre (d) brut de l'Inde.	20 »		
194	— d'ailleurs, hors d'Europe.	30 »	50 »	
195	— des entrepôts.	40 »		
196	— raffiné.	150 »	160 »	G
197	Canelle *dite de Chine*, de l'Inde. le kil.	» 33	1 »	K
198	d'ailleurs. id.	» 66	1 »	
199	— autre de la Guiane franç. id.	» 65	——	K
200	— de l'Inde. id.	1 »	3 »	
201	— d'ailleurs. id.	2 »	3 »	
202	Cantharides.	62 »	67 60	C
203	Caoutchouc (G) brut ou refondu en masse des pays hors d'Europe.	——	10 »	(d)
204	— des entrepôts.	5 »	10 »	
205	— (ouvr. en) simpl. refondus, purs.	20 »	22 »	
206	— mélangés avec d'autres matières.	50 »	55 »	(d)
207	— appliqués sur d'autres matières. (sauf les tissus en pièce).	200 »	212 50	C
208	Câpres confites.	60 »	65 »	
209	Caractères d'imprimerie (E).			
210	— en langue française.	200 »	212 50	
211	— en langue allemande.	50 »	55 »	
212	— en autres langues.	100 »	107 50	
213	— vieux hors d'usage.	5 »	5 50	
214	Carbonate de plomb, *Céruse*, (27 b).	20	22 »	L. b.
215	— blanc de plomb.	30 »	33 »	C
216	— blanc d'argent.	35 »	38 50	C
217	Carmin fin. le kil.	58 »	63 40	C
218	— commun.	33 »	36 30	
219	Caroube ou carouge.	» 25	1 »	

	Chercher au tableau n° 2 ce qu'on ne trouve pas ici.	ENTRÉE PAR NAV.		SORTIE.
		Français.	Etrangers et par terre.	
220	Carreaux de terre. . . . . . . le mille.	10 »	10 »	H
221	Cartes à jouer (28).	P.	P.	1 »
222	Cartes géographiques de portefeuille et d'ornement (K).	300 »	317 50	1 »
223	Carthame (f), *fleurs* d'Europe.	6 »	10 »	
224	— d'ailleurs.	1 »	10 »	
225	Carton lustré à paesser les draps (E).	80 »	86 50	1 »
226	— de moulage ou pâte de papier (D).	150 »	160 »	P
227	— autre en feuilles.	150 »	160 »	1 »
228	— moulé, *dit* papier mâché	200 »	212 50	D
229	— coupé et assemblé (D).	100 »	107 50	
230	Casse sans apprêt d'Europe.	10 »	20 »	D
	d'ailleurs.	——	20 »	
231	Casse confite *Canefice.*	Mêmes taxes que le sucre au-dessus du premier type.		
232	Cassia-lignea de la Guyanne fr. . kil.	» 21	——	
233	— de l'Inde. . . . . id.	» 33	1 »	
234	— d'ailleurs. . . . . id.	» 66	1 »	
235	Castoréum.	184 »	195 70	C
236	Cendres bleues ou vertes.	164 »	174 70	C
237	Champignons frais ou secs.	——	——	
238	Chandelles.	10 »	11 »	(b)
239	Chanvre (11) en tiges.	» 40	» 40	G
240	— teillé et étoupes.	8 »	8 80	
241	— peigné.	15 »	16 50	G
242	Chapeaux de feutre, m. de soie. pièce	1 fr. 50 cent.		
243	— de crin. . . . . id.	25 centimes.		
244	— de paille, de spart grossiers. . id.	50 centimes.		
245	— fins à tresses cousues. . id.	1 franc.		
246	— à tresses engrenées. id.	1 fr. 25 cent.		
247	— de fibres de palmier fins.	75 centimes.		
248	— communs. id.	25 centimes.		
249	Charbon de bois (le mètre cube). . . .	——	» 05	P
300	Châtaignes et leurs farines (7). (55 bis)	1 »	3 »	» 25
301	Chevaux Lb entiers.	25 francs.		exempts
302	— hongres et juments. . .	25 francs.		exempts
303	— poulains.	15 francs.		exempts
304	Chèvres (7). . . . . par tête.	——	——	» 15
305	Chevreaux pesant moins de 8 k. . . id.	——	——	» 10
306	Chicorée moulue (30).	P.	P.	» 25
307	Chiens de chasse (31).	——	——	» 50
308	Chocolat et cacao simplement broyé.	150 »	160 »	B
309	Chromate de plomb.	75 »	81 20	L b
310	— de potasse.	150 »	160 »	
311	Cidre et poiré. . . . . l'hect.	2 »	2 »	» 10
312	Cinabre en pierres *ou* artificiel. . . .	150 »	160 »	C
313	Cire non ouvrée blanche.	60 »	65 60	C

Voir les explications en tête du prséent tableau.	ENTRÉE PAR NAV.		SORTIE.
	Français.	Étrangers et par terre.	
314 Cire non ouvrée jaune et brune. . . .	1 »	15 »	F
315 Cire ouvrée blanche.	85 »	91 70	C
316 — jaune.	50 »	55 »	C
317 Cire à cacheter.	100 »	107 50	B
318 Citrons et oranges (32).	10 »	11 »	D
319 Civette. . . . . le kil.	123 »	131 60	C
320 Cochenille d'Europe. . . . . kil.	1 »	1 50	L
d'ailleurs. . . . . id.	» 50	1 50	
321 Colle de poisson de la Guiane.	40 »	——	K
322 — d'ailleurs.	160 »	170 50	C
323 — forte.	25 »	27 50	L b
324 Concombres et cornichons confits. . .	17 »	18 70	
325 Confitures des colonies.	22 50	——	M
326 — d'autres provenances. (D. du 29 décembre 1855).	comme sucre au-dessus du premier type.		
327 — sans sucre ni miel.	20 »	22 »	M
328 Corail brut de pêche française. . . .	1 »	——	
329 — de pêche étrangère.	20 »	22 »	C
330 Cordages de chanvre.	25 »	27 50	B
de spart en fils ou tresses.			
331 — battues.	5 »	5 50	
332 — non battues.	2 »	2 20	
333 — de tilleul et de joncs. . . .	2 »	2 20	
334 — autres.	25 »	27 50	
335 Cordes métalliques blanch. p. instr. .	70 »	76 »	(e)
536 Cornes de bétail brutes par navire fr. et par terre.	» 10	——	
337 — par navire étranger (f). . . .	——	1 »	20 »
338 — préparées C.	25 »	27 50	
339 Coton en laine, *par mer* (5).			
340 — des colonies françaises.	——	——	
341 — de Turquie.	15 »	25 »	C
342 — de l'Inde.	10 »		
343 — d'ailleurs, hors d'Europe. . . .	20 »	35 »	
344 — des entrepôts (G).	25 »		
345 — par terre.	——	25 »	(G)
346 Coton non égrené (il n'en est pas entré en 1854).			
347 Couleurs à dénommer :			
348 — sèches ou liquides.	35 »	38 50	
349 — en pâtes humides.	17 50	19 25	
350 Couperose verte.	6 »	6 60	K
351 — bleue et blanche.	31 »	34 10	C
352 Coutellerie (V. le tableau n° 2).	prohibée.		
353 Couvertures de laine.	200 »	212 50	H
354 — de soie et de fleuret. . .	204 »	216 70	A
355 — ou tapis de poil.	50 »	55 »	A
356 Craie.	——	1 »	

	Chercher au tableau n° 2 ce qu'on ne trouve pas ici.	ENTRÉE PAR NAV.		SORTIE.
		Français.	Étrangers et par terre.	
357	Crayons simples en pierre.	10 »	11 »	H
358	— à gaine de bois blanc.	100 »	107 50	H
359	— — de cèdre.	200 »	212 50	
360	Crême de Tartre.	30 »	33 »	
361	Crèpes de soie unis des pays d'origine *en droiture*. . . . . . . le kil.	20 »	25 »	M
362	— d'ailleurs. . . . . id.	25 »	30 »	
363	— bordés ou façonnés des pays d'origine *en droiture*. . , . . le kil.	34 »	45 »	M
364	— d'ailleurs. . . . . id.	40 »	50 »	
366	Crépon de Zuric (33).	200 »	212 50	H
367	Crins bruts et teints (5).	1 »	5 »	K
368	— frisés. , ...	5 »	5 50	K
369	Cristal de roche non ouvré.	——	——	
370	— ouvré.	P.	P.	
371	Cuivre de 1re fusion (34) pur ou allié de zinc, en masses, barr. ou plaq.			
372	— des pays hors d'Europe.	» 10	3 »	K
373	— des entrepôts (2).	2 »	3 »	
374	— laminé en barres ou planches . .	50 »	55 »	K
375	— battu. . . , ...	80 »	86 50	C
376	Cuivre pur filé, non teint.	100 »	107 50	E
377	— teint en jaune.	286 »	302 80	C
378	Cuivre allié de zinc filé, pr. à la brod.	286 »	302 80	C
379	— pour cordes d'instruments. . . .	100 »	107 50	C
380	— autre, poli.	P.	P.	
381	Cuivre allié d'étain de 1re fusion, en masses, barres d'Europe.	2 »	3 »	K
382	— d'ailleurs.	» 10	3 »	N
383	Cuivre doré en lingots.	147 »	156 80	C
384	— battu, tiré, laminé.	286 »	302 80	
385	— filé sur fil.	327 »	344 50	C
386	— filé sur soie.	950 »	967 50	K
287	Cuivre argenté en masse, lingots. . .	102 »	109 60	D
288	— battu, tiré, laminé.	204 »	216 70	C
289	— filé sur fil . . , ...	327 »	344 50	
390	— filé sur soie.	600 »	617 50	K
391	Cuivre autrement ouvré ou préparé. .	prohibé (35)		
392	— minérai et limailles (v. c. mots).			
393	Curcuma *en racines* de l'Inde.	——	——	
394	— des pays hors d'Europe.	8 »	20 »	
395	— des entrepôts (G).	15 »	20 »	
396	— en poudre.	P	P	
396	DÉBRIS de vapeurs étrangères.	(36)		
397	Dégras de peaux d'Europe.	48 »	56 »	H
398	— d'ailleurs.	40 »	56 »	
399	Dentelles de fil.	5 p. %.		1/4 %

	Voir les explications en tête du présent tableau.	ENTRÉE PAR NAV. Français.	Etrangers et par terre.	SORTIE.
400	Dentelles de soie *blonde* (C).	15 p. %.		1/4 %
401	— d'or fin. . . . . le kil.	200 »	212 50	C
402	— d'argent fin. . . . . id.	100 »	107 50	C
403	— d'or et d'argent faux . . id.	25 »	27 50	
404	— de coton, fabriq. à la main..	5 p. %.		1/4 %
405	Dents d'éléphants, défenses entières ou en morceaux (3):			
406	— des pays hors d'Europe.. . . .	——	60 »	(d)
407	— des entrepôts.	50 »	60 »	
408	— machelières d'Europe.	5 »	10 »	(d)
409	— d'ailleurs.	——	10 »	
410	Dents de loup et de sanglier.	» 10	1 »	
411	Diamants bruts. . . . . l'hecto.	——	——	» 01
412	— taillés. . . . . id.	1 »	1 10	» 01
313	Drilles (d) navires franç. et par terre.	——	1 »	P
414	Duvet de cachemire brut. . . . le kil.	» 10	1 »	» »
415	— peigné. . . . id.	10 »	11 »	» »
416	Eau forte *acide nitrique*.	90 60	98 60	f
417	Eaux-de-vie de toute sorte. l'hecto.	15 fr. (37)		» 10
418	(sauf rhum et tafia des Colonies	exempt.		» 10
419	Eaux médicinales distillées.			
420	— alcooliques.	150 »	160 »	D
421	— sans alcool.	100 »	107 50	
422	Eaux de senteur, *parfumerie*.	même droit.		D
423	Eaux minérales gazeuses en cruchons de grès commun (cruch. compr.).	1 »	1 10	C
424	— autres.	» 50	» 50	
425	Ecailles de tortues (f) d'Europe. . . .	50 »	60 »	
426	— d'ailleurs. . . .	——	60 »	
427	— rognures.	moitié.		
428	Echalas. . . . . le 1000	» 25	» 25	1/4 %
429	Ecorces de pin moulues.	» 50	» 50	» 10
430	— autres *à tan*, moulues.. . . .	» 50	» 50	P
431	Ecorces de citron et d'oranges.. . . .	——	——	
432	— de quinquina d'Europe. . . .	20 »	30 »	(G)
433	— d'ailleurs. . . .	——	30 »	
434	Ecorces médicinales non dénommées			
435	— des pays hors d'Europe. . . .	——	30 »	(d)
436	— des entrepôts.	20 »	30 »	
437	Effets à usage neufs.—payent comme l'étoffe princip. dont ils sont formés.			
438	* Les vêtements neufs et autres effets prohibés à l'usage des voyageurs, sont admis au droit de.	30 p. %.		(38)
439	Effets à usage supportés.	51 »	56 »	
440	(H) pièces de lingeries cousues. . . .	com. les tissus. 1/10 en sus.		
441	Email, *vitrifications*. . . . . . le kil.	2 »	2 20	

Chercher au tableau n° 2 ce qu'on ne trouve pas ici.	ENTRÉE PAR NAV. Français.	Étrangers et par terre.	SORTIE.
442 Emeril en pierres brut.	» 50	2.20	
443 — en grains ou en poudre. . . .	8 »	8 80	
444 Encre à dessiner en tablettes. le kil.	1 »	1 10	E
445 — à écrire et à imprimer.	60 »	65 50	E
446 Engrais, *fumier-poudrette*.	——	» 50	2 25
447 Epices préparées à dénom. (39). kil.	2 »	2 20	
448 Eponges (12) communes.	60 »	65 50	C
449 — fines.	200 »	212 50	
450 Exprit de nitre.	90 60	98 60	C
451 Exprit de sel.	62 »	67 60	
452 Essence de térébenthine.	25 »	27 50	
453 — de houille.	13 »	14 30	C
454 Etain brut de l'Inde.	» »	5 »	N
455 — d'ailleurs.	2 »	5 »	(d)
456 — battu ou laminé.	60 »	65 50	(3)
457 — ouvré.	P.	P.	C
458 Etain de glace.	comme	étain.	
459 Extraits de viande en pains. . le kil.	1 »	1 10	E
460 — de quinquina du Pérou. . id.	1 »	P.	K
461 — autres.	P.	P.	H
462 Extraits de bois de teinture.	P.	P.	
463 FAÏENCE.	49 »	53 90	C
464 Fanons de baleine (5) bruts.			
465 — de pêche française.	» 20	——	
466 — de pêche étrangère.	30 »	35 »	
467 — apprêtées.	60 »	65 50	
468 Fard blanc.	98 »	105 40	C
469 — rouge. . . . . le kil.	17 »	18 70	
470 Fer traité à la houille ou au charbon de bois (D. du 22 nov. 1853).			(2)
471 Barres plates, la larg. multipliée par l'épaisseur. de 458 mill. et plus.	10 »	11 »	
de 213 à 458 millim. .	12 »	13 20	
de moins de 213. . .	14 »	15 40	
472 Barr. carrées ayant sur ch. face. de 22 mill. et plus. .	10 »	11 »	
de 15 à 22 mill. . . .	12 »	13 20	
moins de 15.	14 »	15 40	
373 Barres rondes du diamèt. de 15 mill. et plus. . . .	12 »	13 20	
moins de 15 mill. . . .	14 »	15 40	
474 Barres à rainures (rails). *Mêmes droits selon les dimensions.*			
475 Fer forgé en massiaux ou prismes. .	P.	P.	
476 Fer en tôle-noir (e).	20 »	22 »	
477 Fer laminé, étamé, plombé, cuivré, zingué, fer-blanc (e)	40 »	44 »	
478 Fil de fer même étamé.	30 »	33 »	
479 Fer ouvré (ouvrages en fer).	prohibé.		(40)
480 Férailles (débris de vieux ouvrages). .	8 »	8 80	

Voir les *explications en tête du présent tableau.*	ENTRÉE PAR NAV. Français.	Etrangers et par terre.	SORTIE.
481 Feutre à doublage.	100 »	107 50	G
482 — à filtrer, *semelles*, etc.	400 »	417 50	C
483 Feuilles médicinales d'oranger, de lierre, de bétel, sené; girofle. absinthe, lavende.	——	——	
484 — autres non dénommés d'Europe..	10 »	20 »	
485 — d'ailleurs..	——	20 »	
486 Feuilles propres à la teinture et aux tanneries à dénommer.	——	——	
487 Fils de lin ou de chanvre.	(41)		
488 Fils de coton écru du n° 143 et au-dessus (syst. métr.) simples. . kil.	(42) 7 »	7 70	
489 — retors. . . id.	8 »	8 80	
490 — tous autres.	P.	P.	
491 Fils de laine, longue, peignée, écrus, retors, dégraissés et grillés (43). kil.	7 »	7 70	L
492 Autres fils de laine.	P.	P.	
493 Fils de poils de chèvre.	20 »	22 »	P
494 — de vache et autres plocs.	9 »	9 90	
495 — de phormium, tenax, de jute.	(43)		
496 — autres non dénommés. . . .	P.	P.	
497 Filets neufs ou pouvant servir. . . .	25 »	27 50	
498 Figues de cactus (par terre, 0,0). . .	» »	1 10	
499 Fleurs artificielles.	12 p. %.		1/4 %
500 Fleuret (tissus de) purs. . . . . le kil.	7 »	7 70	C
501 — mêlés d'or et d'argent fin. id.	10 »	11 »	C
502 — faux. . . . . . id.	P.	P.	
503 Foin, paille, fourrages.	——	» 50	» 10
504 Fonte brute en masses (44) de 15 kil. ou plus. par mer. .	4 »	4 40	
505 — par terre. .	——	4 »	
506 Fonte épurée, *dite* mazée en masses, pesant 15 kilos ou plus.	7 »	7 70	(e)
507 — de toute autre espèce et ouvrages en fonte.	P.	P.	
508 Foulards (K) en écru de l'Inde. . kil.	6 »	8 »	
d'ailleurs. . id.	7 »	8 »	
509 — imprimés de l'Inde. . . . . . . id.	12 »	15 »	
d'ailleurs. . . . . id.	14 »	15 »	
510 Fromage blanc, *pâte molle*..	6 »	6 60	L. b.
511 — autre (45).	15 »	16 50	
512 { Fruits de table frais non dénomm. (17 fév. 1855). { exotiques.	——	4 »	
{ indigènes.	——	2 »	
513 Fruits secs ou tapés à dénommer. . .	16 »	17 60	C
514 Fruits confits à l'eau-de-vie.	98 »	105 40	C.
505 — sans sucre ni miel. . .	30 »	22 »	M.
506 — — des colonies.	——	——	
507 Fruits médicinaux non dénommés (N) des pays hors d'Europe. .	——	20 »	

Chercher au tableau n° 2 ce qu'on ne trouve pas ici.	ENTRÉE PAR NAV. Français.	Étrangers et par terre.	SORTIE.
518 Fruits médicinaux d'Europe.	10 »	20 »	
519 Futailles vides (l'hectolitre),			
519 — cerclées en bois. . . .	25 centimes.		
520 — cerclées en fer.	2 fr. 50 cent.		1/4 %
521 — démontées.	10 p. %.		
522 GANTS de peau (46).	P.	P.	
523 Garance en racines vertes.	5 »	5 50	» »
524 — sèches.	10 »	12 »	» »
525 — moulue ou en paille. . .	30 »	33 »	» C
526 Gaze de soie pure. . . . . le kil.	31 »	34 10	C
527 — mêlée de fil. . . . . id.	17 »	18 70	
528 — mêlée d'or ou argent fin. id.	62 »	67 60	C
529 — faux. id.	P.	P.	
530 Genisses. . . . . par tête.	1 »	1 »	1 50
531 Gibier (47). . . . . valeur.	——	——	1/4 %
532 Gingembre.	20 »	22 »	C
533 Girofle *clous* des colonies. . . le kil.	» 30		
534 — de l'Inde. . . . . id.	1 »		
535 — d'ailleurs hors d'Europe. id.	1 80	3 »	(G)
536 — des entrepôts. . . . . id.	2 »		
536 — griffes. . . . . id.	1/4 des clous.		
540 Gommes pures d'Europe.	——	——	F
541 — exotiques du Sénégal.	10 »		
542 — de l'Inde.	15 »	30 »	C
543 — d'ailleurs hors d'Europe. . .	20 »		
544 — des entrepôts.	25 »		
545 Goudron, brai gras (2).	3 50	5 50	M
546 — minéral (houille distillée). . .	» 05	1 »	(f)
547 Gousses tinctoriales d'Europe.	3 »	4 »	
d'ailleurs.	——	4 »	
548 — libidibi moulu.	15 »	16 50	
549 Graines à ensemencer de jardin, de fleurs, de prairies, de garance. . . .	» 10	1 »	(f)
Graines de ricin.	15 »	16 50	
	de Sésame	œillette et colza.	de lin et autres.
550 Graines oléagineuses *par mer* des établissem. français dans l'Inde (48).	» 40	» 20	» 10
des autres parties de l'Inde.	2 »	1 »	» 75
des colonies françaises d'Amérique.	» 80	» 40	» 20
de la côte occidentale d'Afrique. . .	3 »	1 50	1 »
des pays situés sur la Baltique, la mer Blanche, la mer Noire (B). . .	4 »	2 »	1 50
d'ailleurs.	5 »	3 »	2 50
par navire étranger.	7 »	5 »	4 50
par terre, des pays limitrophes. . .	5 »	3 »	2 50
(48) d'ailleurs.	7 »	5 »	4 50

(*) Ou la Méditerranée au-delà des caps Razat et Matapan.

Voir les explications en tête du présent tableau.	ENTRÉE PAR NAV. Français.	Etrangers et par terre.	SORTIE.
551 Graine de moutarde.	com. la graine de lin.		
552 Grains *céréales* (49).			
553 Grains durs à tailler d'Europe.	3 »	6 »	
554 — d'ailleurs.	1 »	6 »	
555. Grains perlés ou mondés.	12 »	13 20	
556 Graisses animales de toute sorte (sauf le n° 558), de l'Inde.	2 »	8 »	
557 — d'ailleurs.	5 »	8 »	
558 Graisses de poisson de pêche franç. .	» 15	——	
559 — de pêche étrangère de l'Inde. . . .	10 »		
560 — d'ailleurs hors d'Europe.	15 »	30 »	(b)
561 — des entrepôts.	20 »		
562 Graphite ou plombagine.	1 »	3 »	(f)
563 Gravures et lithographies (50). . . .	300 »	317 50	
564 Grès commun, *pots, cruches*.	10 »	11 »	
565 — vaisselle de table, de cuisine. .	15 »	16 50	(f)
566 Grès fin.	P.	P.	
567 Groisil ou verre cassé.	——	1 »	
568 Gruaux. . (55 bis).	7 »	7 70	
569 Guano d'Europe.	——	2 »	
d'ailleurs.	——	3 »	2 25
570 Hameçons.	200 »	212 50	M
571 Herbes médicinales non-dédom. (d).			
des pays hors d'Europe.	——	20 »	
d'ailleurs.	10 »	20 »	
572 Homards de pêche française.	——	——	
de pêche étrangère.	1 »	1 10	
573 Horlogerie (fournitures d') (51). kil.	5 »	5 50	
mouvements de toute sorte. (voyez montres).	10 p. %		
574 Houblon.	45 »	49 50	
575 Houille (Décret du 24 novemb. 1854).			(52)
par mer, des Sables à Dunkerque.	» 30	» 80	
577 — par tous autres points. .	» 15	» 65	
578 — *par terre* de la mer à Halluin. . .	——	» 30	
578 — par tous autres points (53). .	——	» 15	» 01
579 Houille carbonisée, *coke*.	moitié en sus.		
580 — cendres de houille.	» 01	» 01	
581 Huile d'olive des pays de production.	10 »		
582 — d'ailleurs.	13 »	15 »	(b)
583 — de graines grasses.	10 »		
584 — de palme, de coco (*) des colonies. .	——	——	(b)
585 — des établiss. français de l'Inde.	1 50	——	
586 — ds la côte occident. d'Afrique. .	1 50	——	(b)
587 — d'ailleurs hors d'Europe.	5 »	10 »	

(*) De Touloucouna et d'Illipé.

N°	*Chercher au tableau n° 2 ce qu'on ne trouve pas ici.*	ENTRÉE PAR NAV.		SORTIE.
		Français.	Etrangers et par terre.	
588	Huile de palme des entrepôts.	8 »	10 »	
589	Huiles aromatisées. . . . . le kil.	1 »	1 10	(b)
590	Huiles volatiles *ou* essences :			
	de rose et de bois de Rhodes. kil.	40 »	44 »	O
591	— de girofle, muscades, macis, canelle, fenouil, anis, carvi. . le kil.	5 »	5 50	
592	— d'oranges, citrons, etc. : : : : id.	4 »	4 40	
593	— autres non-dénommées. . . . id.	» 75	» 80	
594	Huile de vitriol.	41 »	45 10	
595	Huîtres de pêche française. . le 1,000	——	——	» 01
	de pêche étrangère. . . . id.	1 50	5 »	» 01
596	— marinées de toute pêche. . .	25 »	27 50	» 01
597	Hydromel (T).	25 »	27 50	» 25
				» 15
598	Indigo des pays hors d'Europe. . . .			
	— de l'Inde et autr. pays de product. k.	» 50		
599	— d'ailleurs (4). . . . . le kil.	2 »	4 »	K
	des entrepôts. . . . . id.	3 »		
600	Industrie parisienne (objets assortis en un même colis) (54).	——	— —	2 »
602	Instruments aratoires, faux.	120 »	128 50	
603	— Faucilles et tous autres.	80 »	86 50	
604	— de chirurgie et de chimie. . val.	10 p. %.		1/4 %
605	— d'optique et d'observation. . val.	30 id.		id.
606	Instruments de musique (la pièce) (A)			
607	— fifres, flageolets et galoubets. , .	63 centimes.		
608	— flûtes, 75 c. luths, tambours. . . .	1 fr. 50 cent.		
609	— altos, violons, bassons, lyres,			
610	guitares, serinettes et cors. . : :	3 francs.		
611	— clarinettes et hautbois.	4 francs.		
612	— vielles organisées.	5 francs.		
613	— basses et grosses caisses.	7 fr. 50 cent.		1/4 p. %
614	— épinettes, vielles organisées.			
615	— harmonica et orgues portatives.	18 francs.		
616	— harpes.	36 francs.		
617	— forte-piano carrés (B).	300 francs.		
618	— à queue *ou* en buffet.	400 francs.		
619	— orgues d'église (C).	400 francs.		
620	Instruments non-dénommés.	com. leurs analogues.		
621	Iode brut ou raffiné. . . . . . . le kil.	5 »	5 50	
622	Ipécacuanha *racines* d'Europe. . . id.	2 »	3 »	K
	d'ailleurs. . . id.	1 »	3 »	
623	Jalap *racines* d'Europe.	90 »	100 »	M
	d'ailleurs.	80 »	100 »	
624	Jarosse, navire français et par terre.	——	» 50	
625	Jus de réglisse.	48 »	52 80	
626	Jus de citron au-dessus de 35°. . kil.	1 50	1 60	

Voir les explications en tête du présent tableau.	ENTRÉE PAR NAV. Français.	Etrangers et par terre.	SORTIE.
626 Jus de citron de 35° et au-dessous. . .	» 01	» 05	
627 Joncs et roseaux exotiques des pays hors d'Europe.	——	20 »	
des entrepôts (a).	10 »	20 »	
628 — d'Europe, spart en tiges brutes. .	» 05	» 50	
battues. .	» 05	1 10	
autres.	——	——	
629 Jus d'oranges et d'autres fruits non-dénommés, des colonies.	——	——	D
630 — de l'étranger. . . .	25 »	25 »	» 15
661 Kermès en poudre, d'Europe.	5 »	6 »	C
d'ailleurs.	4 »	6 »	
632 Laines en masse par mer (55).			
633 en suin et peludes à la chaux. commu., d. p. hors d'Euro.	5 »	15 »	
d'ailleurs. . .	10 »	15 »	
fines, d. pays h. d'Europe	10 »	20 »	
d'ailleurs.	15 »	20 »	
634 lavées. . communes, d. p. h. d'Eur.	10 »	25 »	
d'ailleurs. . .	20 »	25 »	
fines, d. pays h. d'Europe	22 50	37 50	
d'ailleurs.	32 50	37 50	
635 — par terre, du cru des p. limitroph.	comme par navire français.		
d'ailleurs.	comme par navire étranger.		
(Loi du 26 juillet 1856).			
636 Laque naturelle ou résine de laque d'Europe.	8 »	13 »	
d'ailleurs.	——	13 »	
637 — (a) en teinture ou en trochisques de l'Inde.	25 »	100 »	
d'ailleurs.	75 »	100 »	
638 Légumes verts.	——	——	
salés ou confits.	9 »	9 90	
639 — secs et leurs farines (10). . .	10 »	11 »	(55 bis)
640 Lichens tinctoriaux d'Europe.	1 »	5 »	
641 — d'ailleurs.	» 10	5 »	
642 — autres que pour la teinture.	——	——	
643 Liége rapé en planches.	9 »	9 90	
644 — brut, revêtu de sa croute. . .	» 50	5 »	(f)
645 — ouvré, *Bouchons*.	54 »	59 20	(10)
646 Limes et râpes (e) communes. . . .	75 »	81 20	
647 — fines, de 17 centim. ou plus. .	180 »	191 50	
648 — de moins de 17 centim.	225 »	225 70	
649 Limailles à l'entrée.	comme leurs minerais.		
650 — à la sortie, 25 centimes. .			» 25
651 Lin (b) brut, en tiges vertes.	» 50	» 50	
652 — sèches.	» 60	» 60	

	Voir les explications en tête du présent tableau.	ENTRÉE PAR NAV. Français.	Etrangers et par terre.	SORTIE.
653	Lin brut en tiges rouies	» 75	» 80	
654	— teillé et étoupes	5 »	5 50	K
655	— peigné	15 »	16 50	K
656	Linge de table ouvragé	écru.	blanc.	
	de 16 fils ou moins	267 »	417 »	
	de 17 fils	287 »	457 »	
	de 18 à 19	297 »	477 »	
	de 20 fils	342 »	567 »	
	de plus de 20 fils	467 »	817 »	
	damassé, écru ou blanc	ajouter à toutes ces taxes 1/5 en sus.		
657	Linge ourlé, façonné, etc.	com. les tissus et 1/10 en sus.		
658	— en tissus de cotons	prohibés.		
659	Liqueurs des colonies. . . . l'hectol.	15 francs.		1 »
660	— d'ailleurs	150 francs.		1 »
661	Litharge, *oxide de plomb*	10 »	11 »	
662	Livres (57) en langues mortes ou étrangères, *almanachs*,	100 »	107 50	
663	autres	10 »	11 »	
664	— en langue française. *Mémoires scientifiques*	50 »	55 »	
665	— autres, publiés à l'étranger	100 »	107 50	
666	— réimprimés sur édit. franç.	150 »	160 »	
667	Livres imprimés en France	1 »	1 10	
668	— contrefaçons	P.	P.	
669	MACHINES et mécaniques à vapeur fixes (58)	25 »	27 50	
670	— pour la navigation	35 »	38 50	
671	— locomotives *sans tenders*	40 »	44 »	
672	autres qu'à vapeur : pour la filature	40 »	44 »	
673	— pour le tissage et l'agriculture	15 »	16 50	
674	— métiers à tulle	60 »	65 50	
675	— à fabriquer le papier continu et à imprimer	30 »	33 »	
676	— wagons de terrassement à caisse en bois et roues en fonte	20 »	22 »	
677	— bateaux de riv., tenders, chaudières et gazom. en fer	30 »	33 »	
	— en cuivre	60 »	65 50	
678	Machines et mécaniques non-dénommées, pesant 100 kilos ou moins	65 »	70 70	
679	de 100 kil. exclus. à 200 inclus	45 »	49 50	
680	de 200 id. à 1,000 id.	35 »	38 50	
671	de 1,000 id. à 2,500 id.	30 »	33 »	
672	de 2,500 id. à 5,000 id.	25 »	27 50	
683	de plus de 5,000 kil.	20 »	22 »	
684	pièces détachées — peignes à tissage et navettes *de toute sorte*	200 »	212 50	

N°	*Chercher au tableau n° 2 ce qu'on ne trouve pas ici.*	ENTRÉE PAR NAV. Français.	Étrangers et par terre.	SORTIE.
685	autres en fonte,			
	pesant 25 kil. ou moins.	80 »	86 50	
686	de 25 exclus. à 50 inclus.	65 »	70 70	
687	de 50 id. à 100 id. . .	55 »	60 20	
688	de 100 id. à 200 id. . .	45 »	49 50	
689	de 200 id. à 1,000 id. . .	35 »	38 50	
690	de 1,000 id. à 2,000 id. . .	25 »	27 50	
691	de 2,500 id. à 5,000 id. . .	20 »	22 »	
692	de plus de 5,000.	15 »	16 50	
693	en fer, de 5 kil. ou moins.	100 »	107 50	
694	de 5 exclus à 25 kil.	80 »	86 50	
695	de 25 id. à 50 inclus. . . .	70 »	76 »	
696	de plus de 50 kil.	60 »	65 50	
697	en cuivre ou en acier.	200 »	212 50	
698	Macis : de Bourbon et de la Guya. kil.	1 »	——	
	de l'Inde. . . . . le kil.	1 50	4 »	K
	d'ailleurs (59). . . . . id.	2 50	4 »	
699	Manne.	80 »	86 50	C
700	Marbres sculptés, moulés, polis ou autrement ouvrés (60).	40 »	44 »	
	Marchandises non-dénommées.	(60 bis.)		
701	Matériaux à dénommer (d) par navire français et par terre.	——	1 »	» 05
702	Médicaments composés à dénommer.	P.	P.	
703	Mélasse des colonies.	12 »	——	(b)
704	— étrangère.	P.	P.	
705	Mercerie (61) commune.	100 »	107 50	
706	— fine.	200 »	212 50	C
707	Mercure natif ou *vif argent*.	1 »	5 »	(f)
708	Merrains de chêne (f). . . . . le 1,000	» 10	1 50	» 10
	autres. . . . . id.	» 10	1 50	1/4 %
709	Meubles *de toute sorte*.	15 p. %.		id.
710	Meules (61 b.) à moudre. . . . . pièce.	——	——	(f)
711	à aiguiser. . . . pièce.	» 10	» 30	(f)
712	Miel.	1 »	6 »	(f)
713	Millet.	» 25	» 25	
714	Minerais par navires français.	——	——	
	par navires étrangers. *fers*. .	——	» 25	P
	(sauf le soufre) tous autres. . .	——	1 »	
715	— à la sortie.—cobalt, plomb. . . .			» 25
	tous autres. . . .			» 10
716	Miroirs grands (q) *non étamés*, ayant d'épaisseur.	plus de 3 mill.	3 mill. ou moins.	
	et en superficie 50 déci. ou moins	15 »	10 »	
	50 déc. exclus. à 100 inclus.	22 50	15 »	
	100 id. à 200 id.	28 »	18 66	1/4 %
	200 id. à 300 id.	40 »	26 66	
	300 id. à 500 id.	50 »	33 33	

Voir les explications en tête du présent tableau.	ENTRÉE PAR NAV. Français.	Étrangers et par terre.	SORTIE.
716 bis Miroirs-glaces *étamés*. (le tout au mètre carré). (L. du 15 déc. 1848.)	un dixième en sus.		1/4 %
717 Miroirs petits sans distinction.	100 »	107 50	» 25
718 Modes (ouvrages de) (62).	12 p. %.		1/4 %
719 Monnaies d'or. . . . l'hect.	» 01	» 01	» 01
720 — d'argent. . . . le kil.	» 01	» 01	» 01
721 — de cuivre ayant cours légal.	» 20	» 20	E
722 — de billon. id.	1 »	1 10	E
723 — hors de cours.	prohibées.		
724 Montres à boîtes d'or: mouvements simples à roues de rencontre. pièce	3 fr. 10 cent.		1/4 %
725 — de toute autre sorte. id.	4 fr. 40 cent.		
726 répétitions ou réveils { à roues de rencontre. id.	4 fr. 40 cent.		
de toute autre sorte. id.	6 francs.		
727 Montres autres qu'à boîte d'or:			
Mouvements simples { à roues de rencontre. . id.	1 fr. 10 cent.		
de toute autre sorte. . id.	1 fr. 80 cent.		
728 — répétitions, réveils et autres. id.	1 fr. 80 cent.		
729 Mottes à brûler. . . . le 1,000	——	——	id.
730 Moules de boutons en bois.	13 »	14 30	C
731 Moutarde (farine et confection de).	25 »	27 50	C
732 Moutons (64). . . . par tête.	25 centimes.		» 25
733 Mules et mulets (65).	——	——	2 »
734 Muriate de potasse.	30 »	33 »	
735 Musc pur. . . . le kil.	100 »	107 50	K
736 — vésicules pleines. . . . id.	65 »	70 70	
737 — vides. . . . id.	10 »	11 »	
738 Muscades (fruit de l'Inde).	en coques.	s. coques.	
de la Réunion et de la Guiane fra.	» 66	1 »	
de l'Inde.	1 »	1 50	
d'ailleurs.	1 66	2 50	
par navire étranger.	2 66	4 »	
739 Musique gravée (66).	300 »	317 50	
manuscrite. . . . val.	1 p. %.		1/4 %
740 Myrobolans confits.	62 »	67 50	
741 Nacre de perles en coquillages brutes: de l'Inde.	——	25 »	
742 — d'ailleurs.	15 »	25 »	
743 — sciée ou dépouillée de sa croûte	le double.		
744 — haliotides *oreilles de mer*.	——	3 »	
745 Nankin de l'Inde. . . . le kil.	1 »	P.	
d'ailleurs. . . . id.	prohibé.		
746 Natrons.	21 50	23 60	
747 Nattes de bois blanc de plus de 7 millim. de largeur.	70 »	76 »	
de millim. ou moins.	190 »	202 »	

Chercher au tableau n° 2 ce qu'on ne trouve pas ici.	ENTRÉE PAR NAV.		SORTIE.
	Français.	Etrangers et par terre.	
749 Nattes de bois blanc ouvragées. . . .	190 »	202 »	
750 Nattes de paille, d'écorce, de spart, de plus de trois bouts,—fines. kil.	5 »	5 50	(L b)
751 — grossières, pour chapeaux.	5 »	5 50	D
pour paillassons.	2 »	2 20	
752 Nitrate de potasse et de soude de l'Inde.	1 »		
753 — des autres pays hors d'Europe. .	6 »	11 »	(G)
754 — des entrepôts.	8 »		
755 Noir d'ivoire.	62 »	67 60	C
756 — d'Allemagne.	7 »	7 70	
757 — d'Espagne et noir de fumée. . .	1 »	3 »	(f)
758 — minéral naturel. . . . . et par terre	——	1 »	
759 Noir à souliers.	123 »	131 60	C
760 Noix de coco.	——	4 »	
761 Noix, noisettes.	1 »	3 »	
762 Objets de collection *de sciences, arts et curiosités*. . . . . val.	——	——	1/4 %
763 Œufs de volaille et de gibier (67). .	——	——	2 »
764 — de vers à soie.	——	——	» 25
765 Ognons ou bulbes de fleurs.	——	——	
766 Olives et picholines confites.	36 »	39 60	
767 — fraîches, du crû du pays. . . .	2 »	3 »	
d'ailleurs.	2 60	3 »	
768 Opium.	200 »	212 50	C
769 Or brut en masse, lingots, barres et poudres, etc, ... l'hectog.	» 25	» 25	C
770 — battu en feuilles. . . . . id.	30 »	33 »	» 04
771 — tiré, laminé (67). . . . . id.	10 »	11 »	» 04
772 — filé sur soie. . . . . id.	10 »	11 »	» 04
773 Orcillons à fabriquer la colle (f). . . .	» 10	1 »	P.
774 Orfévrerie d'argent (67 b.). . . . l'hect.	3 »	3 30	C.
775 — d'or ou de vermeil. . . id.	10 »	11 »	
776 Orseille violette ou Cudbéard.	200 »	212 50	C
777 — bleu cendré.	100 »	107 50	
778 Os et sabots de bétail (f).	» 10	1 »	20 »
779 Ouate de coton.	100 »	107 50	C
de bourre de soie.	62 »	67 60	kil. 30
780 Outils (68) de pur fer.	50 »	55 »	
781 — de fer rechargé d'acier. . .	125 »	133 70	
782 — de pur acier.	175 »	186 20	
783 — de cuivre et laiton.	150 »	160 »	C
784 Outremer. . . . . le kil.	2 50	2 70	
785 Ouvrages en bois non dénommés . .	15 p. %.		1/4 %
786 Ouvrages en métaux.	prohibés.		(68)
787 — en cuivre pur ou allié. . . .	id.		(69)
788 — en cuir, en feutre.	id.		

Voir les explications en tête du présent tableau.	Entrée par nav. Français.	Étrangers et par terre.	Sortie.
789 Ouvrages en étain—poterie commune	100 »	107 50	
790 — poterie fine—théières, plats, couverts et autres, *dit* métal anglais.	200 »	212 50	L b
791 Oxide de fer.	—	1 »	
792 — de cuivre.	—	—	
792 — de plomb jaune, *massicot*.	37 »	40 70	C
793 — — rouge, *minium*.	24 »	26 40	
794 — — rouge divisé, *mine-orange*.	35 »	38 50	C
795 — de zing blanc.	13 »	14 30	C
796 Pain et biscuit.	comme leurs farines.		
797 Pain-d'épice.	13 »	14 30	C
798 Papier d'enveloppe.	80 »	86 50	C
799 — blanc ou rayé, *pour musique*.	150 »	160 »	E
800 — colorié, *pour reliures*.	90 »	97 »	E
801 — peint, *pour tentures*.	125 »	133 70	E
802 Papier de soie, de Chine, etc.	100 »	107 50	
803 Parapluies en soie (K). . . . pièce.	2 »	2 »	1/4 %
804 — en toile cirée ou autre (c) id.	» 75	» 75	id.
805 — en tissus de coton. . . . id	P.	P.	
806 Parchemin et vélin bruts.	4 »	1 10	C
807 — achevés.	25 »	27 50	
808 Passementerie (c) de soie :			
— avec or ou argent fin. . le kil.	30 »	33 »	
809 — faux. . id.	3	3 30	
810 — de soie pure. . . . id.	16 »	17 60	
811 — mêlée d'or ou d'argent fin.. id.	25 »	27 50	
812 — faux. id.	8 »	8 80	
813 — mêlée d'autres matières.	8 »	8 80	
814 Passementerie et rubans de fleuret.	800 »	817 50	C
815 — de fil écru, bis ou herbé.	80 »	86 50	K
816 — blanc ou mélangé.	120 »	128 50	
817 — teint.	150 »	160 »	
818 — et rubans de pure laine blanche.	190 »	200 »	L b
819 — de laine teinte.	200 »	233 50	C
820 — mêlée de fil, laine et poils.	id.	id.	
821 Passement de crin.	150 »	160 »	
822 Pastilles odorantes *à brûler* :			
d'Europe, 8 fr.—d'ailleurs, 0	—	13 »	
823 Parfumerie (v. les noms) (70).			
824 Pâtés d'Italie et autres granulées.	20 »	22 »	
825 Pâte de pastel grossière.	20 »	22 »	
826 — autre.	comme l'indigo.		
827 Peaux grandes *par mer* :	fraîches.	sèches.	
des pays hors d'Europe.	» 10	» 10	
des entrepôts.	3 50	5 »	
par navire étranger.	4 50	10 »	

Chercher au tableau n° 2 ce qu'on ne trouve pas ici.	ENTRÉE PAR NAV. Français.	Étrangers et par terre.	SORTIE.
	fraîches.	sèches.	
828 Peaux grandes *par terre* du cru des pays limitrophes	» 10	5 (*)	
autres	4 50	10 »	
829 — sortie	16 »	25 »	
830 Peaux de mouton revêtues de leur laine	(**)	(***)	
831 Peaux d'agneau de plus d'un kil. idem	(**)	(***)	
	Entrée.		
d'un kil. ou moins avec ou sans laines	» 10	1 »	20 »
dépouillées de leur laine	» 10	1 »	
832 Peaux de chevreau	» 10	1 »	20 »
833 — autres petites peaux fraîches	» 10	1 »	46 »
834 — sèches	» 10	1 »	70 »
835 Peaux de phoque de pêche francaise	1 centime.		1/4 %
836 — de pêche étrangère	20 centimes.		id.
837 — de chiens de mer	» 10	5 »	
838 Peaux préparées ou ouvrées sauf :	P. (73)		
839 — d'agneau, chèvre, en poil-mégis	3 fr. le 100		1/4 %
en confit	2 fr. 50 id.		id.
840 — de cygne, d'oie, *pour éventails*	612 »	629 50	
841 — de veau *dit* de Russie, *p. reliure*	5 »	5 »	1/4 %
842 — grandes tannées, *pour semelles*	75 »	81 20	

843 Pelleteries (3) :

		Entrée	Sortie.
Peaux de lapin brutes	le 100	——	kil. 75
— apprêtées	le 100	1 »	1/4 %
Peaux de lièvre brutes	le 100	——	kil. 75
— apprêtées	le 100	4 »	
— de castor	pièce.	» 35	
— de castorin brutes et mégies	le 100	3 »	
— éjarrées	id.	15 »	
— teintes	id.	25 »	
— de phoque mégies	id.	» 20	
— éjarrées	id.	3 »	
— teintes et lustrées	id.	1 »	
Peaux brutes ou apprêtées :			
— de chameau, léopard, tigre	pièce.	1 20	
— d'ours	id.	1 05	
— de lion et de zèbre	id.	» 60	
— de renard noir ou argenté	id.	2 40	1/4 %
— — croisé ou blanc	id.	» 90	
— — blanc, jaune ou gris	id.	» 20	
— — teintes	id.	2 40	
— — autres	id.	» 10	
— de chacal, chinchilla, fouine	id.	» 10	
— d'agneau dit astracan	id.	» 20	
— de loutre	id.	» 45	
— de cygne, eyder, martre	pièce.	» 15	
— d'Hyène et de loups	id.	» 40	
— de castor et chèvre d'angora	id.	» 35	

(*) D'origine européenne.
(**) Moitié du droit des laines, selon leur valeur. — Sortie : 48 fr.
(***) Deux tiers, id. id. id. 70

Voir les explications en tête du présent tableau.	ENTRÉE PAR NAV. Français.	Etrangers et par terre.	SORTIE.
		Entrée.	
Peaux de de chat tigre 15 cent. autres	id.	3 »	1/4 %
— de civette et de putois	le 100	3 »	
— de grebe d'oie et vison	id.	6 »	
— de petit-gris, belettes	id.	2 »	
— de chien, rats musqués	id.	2 »	
— d'hermine, de lasquette	id.	3 75	
(Pour les peaux non entières, v. L. du 27 mars 1817.)			
	nav. fran.	étrangers	sortie.
844 Pelleteries ouvrées (73)	15 p. %.		1/4 %
845 Pendules (74)	prohibées.		
846 Perles fines de toute pêche. . le kil.	—	—	
847 Pierres à aiguiser, brutes (et par terre)	—	1 »	(a)
taillées	5 »	5 50	
briques à écurer	2 »	2 20	
848 Pierres à litographier	2 »	2 20	(a)
— ferrugineuses autres qu'émeri	—	1 »	
849 Pierres à chaux	—	1 »	» 01
840 Pierres et terres non dénomm. (d)			
bis — par navire français et par terre	—		(a)
par navire étranger		1 »	
841 Pierres ouvrées, chiques	10 »	11 »	
842 — autres	15 p. %.		1/4 %
843 — gemmes à dénomm. brut. hect.	—	—	
844 — taillées. id.	» 50	» 50	
845 Piment de la Guiane et des colonies	10 »	115 »	K
de l'Inde	45 »		
d'ailleurs	90 »		
846 Plants d'arbres	—	—	» 05
847 (b) Plaqués (ouvr. en plaqué) (74 b.)	P.	P.	
848 Plâtre brut, pierres à plâtre	» 10	» 10	» 01
849 Plomb, métal brut (10)	5 »	7 »	
850 — battu ou laminé	24 »	26 40	
851 — allié d'antimoine	26 »	28 60	M
852 — ouvré de toute sorte (75)	24 »	26 40	
853 Plumes en métal autres que or, argent. le kil.	4 »	4 40	M
854 Plumes de parure: (M) blanches	400 »	417 50	
855 noires	200 »	212 50	
856 autres	100 »	107 50	
857 — à écrire, brutes	» 10	10 »	(f)
858 apprêtées	240 »	254 50	H
859 — à lit—duvet de cigne, d'oie, etc.	200 »	212 50	C
860 — duvet d'eyder, édredon épuré. kil.	5 »	5 50	K
non épuré (76) id.	1 25	1 30	
861 — autres plumes à lit	60 »	65 50	C
862 Poils bruts	» 10	1 »	(77)
863 — peignés ou en bottes de longu. assorties	10 »	11 »	(f)

Chercher au tableau n° 2 ce qu'on ne trouve pas ici.	ENTRÉE PAR NAV.		SORTIE.
	Français.	Étrangers et par terre.	
864 Poissons d'eau douce, frais.	——	——	0 0
965 — préparés (C).	40 »	44 »	0 0
866 — de mer (78) de pêche franç.	——	——	0 0
867 — — de pêche étrang.	40 »	44 »	0 0
868 — marinés ou à l'huile (G).	25 »	27 50	0 0
des colonies françaises.	10 »	——	0 0
(L. du 26 juillet 1856.)			
869 Poivre des colonies (d).	10 »	105 »	K
870 — de l'Inde.	40 »		
d'ailleurs.	80 »		
871 Pommades de toute sorte.	123 »	131 60	C
872 Pommes de terre (55 bis).	——	——	» 25
873 Porcelaine commune (79).	164 »	174 70	
874 — fine.	327 »	344 50	
875 Potasse (a) des colonies.	3 »	——	
d'Europe.	10 »	12 »	
d'ailleurs.	6 »	12 »	
876 Poterie de terre grossière.	6 »	6 60	B
877 — faïence commune.	49 »	53 90	C
878 — de terre de pipe.	P.	P.	
879 Poudre à poudrer.	25 »	27 50	C
880 — de senteur de *Chypre*.	9 »	9 90	C
881 — — à dénommer (80).	184 »	195 70	C
882 Poudre à tirer (81).	P.	P.	
883 Poulains. pièce.	15 »	15 »	» »
884 Prussiate de potasse cristallisé.	210 »	223 »	G
885 Produits chimiques non dénommés.	(82)	P.	
886 QUERCITRON d'Europe.	4 »	6 »	(d)
d'ailleurs.	2 »	6 »	
887 RACINES médicinales			(d)
à dénommer d'Europe.	10 »	20 »	
d'ailleurs.	——	20 »	
888 Racines de chicorée verte.	» 50	» 50	
sèches non torréfiées.	2 50	2 70	
889 Raisins secs.	» 25	2 »	(b)
890 Réglisse en bois.	——	2 »	
891 Regrets et cendres d'orfèvre.	——	1 »	(82)
891 Résidus de noir animal. *et par terre.*	——	» 50	2 25
893 Résineux exotiques compris copal, dammar, jalap, etc., d'Europe.	8 »	13 »	(G)
d'ailleurs.	——	13 »	
894 Rhubarbe de l'Inde.	35 »	65 »	(d)
d'Europe.	45 »		
d'ailleurs.	55 »		
895 Rhum et tafia des colonies (G). hect.	——	——	» 10

Voir les explications en tête du présent tableau.	ENTRÉE PAR NAV. Français.	Etrangers et par terre.	SORTIE.
895 Riz en grains des ports de 1er embarquement – de l'Inde.	» 50	9 »	
de la côte occident. d'Afrique.	» 50		
(55 bis) d'ailleurs, hors d'Europe.	2 50		
d'Europe.	4 »		
des entrepôts.	6 »		
Riz en paille.	moitié.		
896 Rocon des colonies d'Amérique.	7 50	——	
d'ailleurs hors d'Europe	15 »	25 »	
des entrepôts.	20 »	25 »	K
897 Roques de morue, de pêche franç.	——	——	
899 — de pêche étrang.	» 50	» 50	
900 Rubans de fil à jour.	500 »	517 50	A
901 — de soie, même de velours (84).	800 »	817 50	
902 Ruches avec les mouches.	——	——	
903 Sabots en bois, communs.	12 »	13 20	
904 — garnis ou peints.	25 »	27 50	K
905 Safran (85). le kil.	5 »	5 50	
906 Sagou et salep (4) de l'Inde.	5 »	20 »	(b)
d'Europe.	15 »		
d'ailleurs.	10 »		
907 Salsepareille (K) du Sénégal et de la Guiane française.	40 »	——	
d'ailleurs, hors d'Europe.	75 »	125 »	
des entrepôts	100 »	125 »	
908 Sang de bétail.	——	——	2 25
909 Sangsues (86). le 1,000	——	——	——
910 Savons blancs, rouges ou marbrés.	P.	P.	C
911 — parfumés, *liquides, en pains.*	164 »	174 70	C
912 Schakos sans garnitures.	1 50	1 50	
913 — garnis de cuir.	P.	P.	
914 Scies de 146 cent. ou plus de long.	110 »	118 »	(e)
moins de 146 jusqu'à 50 cent.	175 »	186 20	
au-dessous.	200 »	212 50	
915 Scies circulaires			
de plus de 20 cent. de diamètre.	175 »	186 20	
au-dessous.	200 »	212 50	
916 Sellerie grossière, *bats*, etc., pièce	» 50	» 50	C
en cuir et autres.	P.	P.	
917 Sels de marais et de saline (87) raffiné blanc, par la Manche et l'Océan.	2 75	3 25	exem.
par la Méditerranée (R).	» 50	1 »	
autre par la Manche et l'Océan.	1 75	2 25	
(R) par la Méditerranée.	» 50	1 »	
des colonies et établissements franç.	——	——	
par terre, par les frontières	raffiné.	autre.	
(R b) de la Belgique.	2 75	2 »	
par les autres frontières.	» 50	» 50	

4*

Chercher au tableau n° 2 ce qu'on ne trouve pas ici.	ENTRÉE PAR NAV. Français.	Etrangers et par terre.	SORTIE.
918 Sel d'oseil et d'epsum.	70 »	76 »	
919 — ammoniacaux bruts, en poudre .	» 50	» 50	
raffiné en pains.	1 »	1 10	
920 Sel de glauber des colonies.	3 »	——	
d'Europe.	10 »	12 »	
d'ailleurs.	6 »	12 »	
semoule en pâte.	20 »	22 »	
922 Serans ou peignes à pointes { d'acier.	200 »	212 50	
{ de fer ou cuivre.	80 »	86 50	
922 Sirops des colonies au-delà du cap. .	35 »	——	
d'Amérique. . . .	38 »	——	
923 Sirops de l'étranger.	la taxe la plus élevée du sucre.		
924 Soies (88) en cocons. . . . . . le kil.	——	——	» 30
925 — écrues *douppio compris* greges id.	» 05	» 05	0 0
moulinées. id.	» 10	» 10	0 0
926 — teintes, pour tapisseries (*). . id.	3 06	3 30	1 »
à coudre (**). . . id.	3 06	3 30	» 10
927 — toutes autres. . . id.	3 06	3 30	6 »
928 Soies (étoffes de) pures:			
unies. . . . . le kil.	16 »	17 60	
façonnées. . . . . id.	19 »	20 90	
929 — brochées de soie. . . . . id.	19 »	20 90	C
d'or ou argent fin. . . . . . id.	31 »	34 10	
faux. . . . . . id.	P.	P.	
930 — mêlées de fil. . . . . id.	13 »	14 30	C
931 — mêlées de fil et d'or ou d'argent. { fin. . . id.	17 »	18 70	C
{ faux. . id.	P.	P.	
932 Son de touts grains.	» 05	» 50	(f)
933 Sorbet.	74 »	80 20	C
934 Soudes de toute sorte.	26 50	29 10	S
935 Soufre non épuré et minérai (K)			
des colonies françaises.	» 01	——	
936 — des autres pays de production.	» 50	1 50	
d'ailleurs. . . . . . , ...	1 »	1 50	
937 — épuré en canons.	5 »	5 50	
938 — sublimé (fleur de soufre)	13 »	14 30	
939 Spart en tiges brutes.	» 05	» 50	(b)
940 — battues.	» 05	1 10	
941 Sucre non raffiné (90):			
1er type et nuances infér. des colonies franç. au-delà du cap. . .	35 »	——	G
des colonies d'Amérique.	38 »	——	
943 — de la Chine, Cochinchine, des îles Philippines et de Siam.	45 »	} 65 »	
943 — des autres contrées de l'Inde. . .	47 »	}	
944 — d'ailleurs, hors d'Europe.	50 »	}	

(*) Quand elles sont en pelotons pesant au plus 1/2 kil., ou en petits écheveaux ou bobines pesant au plus 3 décag.

(**) En écheveaux ou bobines n'excédant pas 3 décag.

Voir les explications en tête du présent tableau.	ENTRÉE PAR NAV. Français.	Étrangers et par terre.	SORTIE.
945 — des entrepôts.	60 »	65 »	
946 Sucre au-dessus du 1er type. . . . . . (D. du 29 déc. 1855).	ajouter 3 fr. à toutes ces taxes.		
947 Sucre raffiné: (G)			
des colonies fran. au-delà du cap.	41 80	—	
des colonies d'Amérique.	45 10	—	
d'ailleurs.	P.	P.	
948 Sucs tannins, extraits de végétaux (91)			
liquides.	» 50	» 50	L
concrets.	1 25	1 30	
949 Sulfure de mercure (cinabre).	150 »	160 »	C
950 Sumac en poudre.	15 »	16 »	K
951 Tabac en feuilles pour compte de la régie: (M)			
des pays hors d'Europe.	—	10 »	
des entrepôts.	5 »	10 »	
pour compte particulier.	P.	P.	
952 Tabacs fabriqués *cigares et autres,*	(92)		
pour la régie, d'Europe.	7 »	15 »	
d'ailleurs.	—	15 »	
pour compte particulier.	P.	P.	
853 Tabletterie (billes de billard).	4 »	4 40	C
peignes d'ivoire. . le kil.	4 »	4 40	
peignes d'écaille. . . . id.	5 »	5 50	
non dénommée.	P.	P.	
955 Tamarins d'Europe.	10 »	20 »	
d'ailleurs	—	20 »	
confits au sucre	62 »	67 60	C
956 Tapis de pied en laine, simples, à chaîne de fil, dont l'envers présente un canevas (L b).			
957 — moquettes veloutées (*)	250 »	250 »	
358 — autres.	300 »	317 50	
359 — autres tapis simples, soit de pure laine, soit mêlés de fil, mais sans canevas à l'envers	500 »	517 50	
960 — à nœuds à chaîne, aut. que de fil.	500 »	517 50	
à chaîne de fil ou de chanvre. . .	300 »	317 50	
961 Tapis de soie ou de fleuret, même mêlés de fil.	306 »	323 50	A
962 Taureaux. . . . . par tête.	3 »	3 »	3 »
963 Taurions. . . . . id.	1 »	1 »	3 »
964 Térébentine liquide.	31 »	34 10	C
compacte (pâte de). . . .	8 »	8 80	C

(*) Dont le canevas présente, dans l'espace d'un décimètre ou moins, 40 carreaux en hauteur et 50 en largeur. (L b).
250 fr. par Dunkerque et Lille seulement.

Chercher au tableau n° 2 ce qu'on ne trouve pas ici.	ENTRÉE PAR NAV. Français.	Etrangers et par terre.	SORTIE.
865 Thé de l'Inde. . . . . le kil.	1 50	6 »	H
966 — des ports de la Baltique et de la mer Noire (93).	2 50		
d'ailleurs.	5 »		
967 Tissus de coton.	prohibés.		(94)
968 Tissus de laine.	id.		(95)
969 Tissus confectionnés (96).			
970 Tissus de bourre de soie :			
971 — façon cachemire.	id.		
971 Tissus de crin.	id.		
973 Tissus de poil.	id.		
974 Tissus d'écorce pure ou mélangés . .	id.		
975 — de phormium tenax, de jute, etc.	(97)		
976 Tissus de soie de l'Inde et des pays d'origine hors d'Eur., *en droiture*.			
(Mêmes droits et mêmes régimes que les Tissus similaires d'origine européenne.)			
d'ailleurs.	prohibés.		
977 Toile de lin ou de chanvre unie. . .	écrue.	teinte.	M
de moins de 8 fils.	60 »	90 »	
de 8 fils.	80 »	116 »	
de 9 inclus. à 12 exclus.	126 »	146 »	
de 12 fils.	144 »	167 »	
de 13 à 16.	201 »	216 »	
de 16 fils.	267 »	289 »	
de 17 fils.	287 »	317 »	
re 18 à 19 fils.	297 »	329 »	
de 20 fils.	342 »	380 »	
au-dessus de 20 fils.	467 »	537 »	
978 Toile de lin blanche ou mi-blauche.			M
de moins de 8 fils.	90 fr.		
de 8 fils.	116 »		
de 9 inclus. à 12 exclus. . . .	191 »		
de 12 fils.	219 »		
de 13 à 16 fils.	306 »		
de 16 fils.	417 »		
de 17 fils.	457 »		
de 18 à 19 fils.	477 »		
de 20 fils.	567 »		
979 Toile unie imprimée.	même taxe que la toile blanche.		
980 Toile à matelas	212 »		C
981 Toile *coutil* (M)			
pour vêtements, écrue.	322 francs		
autre	364 »		
982 pour tenture ou literie.	212 »		
983 Toile croisée grossière :			
dite treillis, écrue.	60 »		M
autre.	90 »		

Voir les explications en tête du présent tableau.	ENTRÉE PAR NAV. Français.	Étrangers et par terre.	SORTIE.
984 Toile cirée de moins de 8 fils	70 »		
de 8 à 13 id.	120 »		
de 13 à 20.	170 »		
de 20 et au-dessus. . . .	220 »		
985 Toile peinte sur enduit *p. tapisserie*.	184 »	195 70	C
986 Toile à tamis, de crin.	41 »	45 10	C
987 Toile métallique, de fer.	75 »	81 20	(a)
d'acier, cuivre ou laiton..	150 »	160 »	D
988 Tôle en acier.	50 »	55 »	
989 Tourteaux de graines oléagineuses (d)			
de lin.	—	—	1 50
autres.	—	—	2 25
990 Truffes sèches et autres (99).	—	—	
991 Tuiles plates. . . . . le 1,000	4 »		
bombées..	10 »		
faîtières.	25 »		
992 Tulle de fil et de soie.	prohibé.		
993 Tulle de coton (*V. tableau n° 2*). . . .	id.		
994 Vaches.. . . . . par tête.	1 »	1 »	» 50
995 Vanille des Colonies. . . . . . le kil.	—	—	(a)
des pays à l'ouest du cap Horn. id.	2 50	5 50	
d'ailleurs.	5 »	5 50	
996 Vannerie (tissus de) le mètre carré. .	45 centimes.		
autre, en tous végétaux : (102)			
brut..	6 »	7 »	
perlé..	12 »	14 »	
coupé (D. du 11 août 1855).	20 »	24 »	
997 Veaux.. . . . . par tête.	» 25	» 25	» 50
998 Végétaux filamenteux non-dénomm.	(103)		
peignés.	15 »	16 50	
autres, des Colonies.	» 10	10 »	
d'Europe.	8 »	—	
d'ailleurs.	» 40	10 »	
999 Vert de gris humide.	13 »	14 30	
sec.	31 »	34 10	
1000 Verdet cristallisé.	41 »	45 10	
1001 Vermillon.	200 »	212 50	C
1002 Vernis (vermeil).	41 »	45 10	C
1003 — autre, *de toute sorte*.	82 »	88 60	
1004 Verres à lunettes ou à cadran, bruts	10 »	11 »	C
1005 — — taillés	200 »	212 50	C
1006 Verres et cristaux non-dénommés.	P.	P.	
1007 Viande de boucherie :			
fraîche (D. du 14 sept. 1853). . .	50 centimes.		
1008 — salée. (5 oct. 1854). . .	50 centimes.		
1009 Vinaigre de vin en futailles. l'hect.	10 francs.		» 01

	Chercher au tableau n° 2 ce qu'on ne trouve pas ici.	ENTRÉE PAR NAV.		SORTIE.
		Français.	Etrangers et par terre.	
1010	Vins ordinaires et de liqueurs. . id.	25 centimes.		» 01
1011	Vins et vinaigres en bouteilles. . id. (D. des 30 août et 5 oct. 1854).	même droit.		» 05
1012	Vinaigre de bière, cidre, poiré. . id.	2 francs.		» 15
1013	Vitrifications en masses. . . le kil.	3 »	3 30	
1014	— en grains percés (105). . . . id.	1 »	1 10	
1015	— taillées en pierres à bijoux. . .	6 »	6 60	
1016	Voitures suspendues, garnies (106). .	P.	P.	1/4 %
1017	— autres, chariots, tombereaux, etc.	15 p. %.		id.
1018	Volailles.	—	—	id.
1019	Zinc de 1re fusion (2) en masses brutes, saumons, barres.	» 10	1 50	
1020	— laminé.	50 »	55 »	C

N° 2.

Tableau détaillé des Marchandises

TAXÉES SOUS DES DÉNOMINATIONS GÉNÉRIQUES OU ASSIMILÉES, AVEC DES NUMÉROS QUI RENVOIENT AU DROIT QUI LEUR EST APPLICABLE.

NOTA. — Tous les articles prohibés à l'entrée sont marqués d'un P.

Abeilles et ruches (a)........... 902
Absinthe (herbes)............. 568
Acacia (gomme)............... 541
Acajou (bois) (a)............... 108
Acide tartrique et oxalique...... 3
Agrafes en fer................. 705
— en cuivre doré............ P.
— en cuivre argenté.......... P.
Aiguilles à tricoter............. 705
Aimant, 848. — Airain........... 381
Alênes, 782. — Allumettes....... 937
Almanachs................... 662
Alpagates, 996. — Amadou....... 17
Amurca, 0,0 — Ananas......... 512
Ancres draguées......... 100 k. 1 f.
Angica (bois)................. 117
Anneaux d'or.................. 72
— d'argent................ bis 72
— de cuivre, fer, étain........ 705
Anspects, 23. — Antale......... 0,0
Appareils à distiller et à évaporer. 677
Arachides et noix de Touloucouna des colonies et de la côte occid. d'Afrique........ 1 f. le quintal.
Arbres (plants d')............. 0,0
Archets de violon............... 708
Aréomètres................... 605
Argenterie.................... 774
Arrow-root............ comme sagou.
Arséniate de potasse............ 3
Atchar, 324. — Avoine.... v. céréales.

BADIANE...................... 38
Bagues................. v. anneaux.
Baies de genièvre............. 498
— de laurier............... 507
— de Nerprun.............. 547

Balais de crin.................. 705
Balances (fléaux de). 780,781
Balances montées.............. P.
Balles de plomb................ P.
Bambous...................... 627
Bandes de roues en acier........ 12
Bateaux de rivière en métal..... 677
Baudriers, P. — Bâts........... 916
Baume du Canada, du Pérou, de Judée....................... 64
Baumes factices................ P.
Becs de plume en métal......... 853
Benjoin (baume)............... 92
Bergamottes................... 318
Bétel (feuilles)................ 0,0
Bezoards...................... 0,0
Bijouterie de métaux communs avec pierres fausses.......... 1015
Bilboquets en ivoire........... P.
— en buis, 705, — autres...... P.
Billards...................... 709
Bisquits de mer................ 796
Biscuits sucres................ 139
Bismuth...................... 458
Blanc d'Espagne............... 0,0
Blé de Turquie............ v. grains.
Bleu de montagne.............. 84
Bleu minéral.................. 347
Blondes de soie................ 409
Bois à rabot.................. 785
Bois merrain.................. 708
Bois du Brésil, du Japon, de Santal, bois jaune.............. 734
Bois d'ébène, de citron d'amaranthe, de courbaril.......... 108
Boissons.............. v. leurs noms.
Boîtes de montre............... 774

(a) On voit qu'il suffit de recourir à ce numéro, au grand tableau, pour connaître le droit.

(A) Il y a des exceptions à la prohibition de sortie.

Encriers.................. v. écritoires.
Ecailles d'ablettes.............. 0,0
Eperons d'argent................ 774
— bronzés, argentés....... P.
— grossiers, étamés........ 705
Epine-vinette.................. 134
Epingles.................. bijouterie.
— autres.................... 705
Esprit de soufre................ 594
Esprit de vin.................. 417
Essences médicinales............ P.
Estampes, 563. — Etaux......... 781
Etiquettes imprimées........... 563
Etoffes de soie................. 928
cirées, gommées, (payent com. les étoffes unies.)
— autres.............. v. tissus.
Etoupes de lin.................. 654
— de chanvre............. 240
Etriers plaqués................. P.
— grossiers, étamés........ 705
Etuis en nacre, ivoire.......... P.
— d'or et d'argent...... bijouterie.
Eventails............... 705 ou 706
Extraits de quinquina........... P.
— de Saturne, de genièvre. P.
Extraits épicés................. 447
Extrait de punch............... 660

FARINEUX alimentaires. — (Voir leurs noms).
Farine et fécule de manioc...... 906
Faucilles, 603. — Faux......... 602
Fécules indigènes............... 568
— exotiques........ com. sagou.
Fers à rabot.................... 780
— à repasser et fers à cheveux. 780
Fers à cheval................... P.
Feuilles de palmier............ 0,50
— de bétel, girofle, sené... 887
Fèves de cacao.................. 175
Ficelles....................... 330
Fiches d'ivoire.................. P.
— d'os, 705.— de fer........ P.
Figues sèches.................. 513
Fil de fer, d'acier........ 478 et 14
Fil de mulquinerie........ sortie 40 f.
Filasse........................ 654
Flambeaux............... orfèvrerie.

Flambeaux dorés, argentés...... P.
— en métal anglais...... 790
— en fer ou cuivre...... 705
Flanelles P.................... 968
Fléaux de balance :
en fer, 780. — en cuivre...... 783
Fleurets (lames de)............ 706
Foin, paille, 0,0.—nav. étrang... 0,50
Fonte brisée.......... com. fonte brute.
Forces à tondre les draps....... 781
Fourches en fer................ 603
— en bois............... 785
Fourchettes d'argent........... 774
— autres.......... mercerie.
Fournitures d'horlogerie........ 573
Fourrages, 0,0. — nav. étrang... 0,50
Fourrures....................... P.
Fruits confits au sucre ou au miel. 326
— sans sucre ni miel.. 327
— des colonies........ 0,0
Fruits oléagineux.............. 550
Futailles de moins de 10 litres... 137
Fustet, écorces, feuilles....... 0,0

GAINERIE, 705. — Galons........ 808
Gants de peau, P............... 522
Garou, *racines*................ 0,0
Garancine, P............ sortie v,0
Gâteaux au sucre............... 139
Gazettes en collect. (régime des livres).
Gazomètres..................... 677
Gelatine d'os................... 459
Genièvre....................... 417
Ginzeng........................ 887
Glaces, 716.— Globes........... 605
Gommes pures d'Europe........ 0,0
Gommes exotiques d'Arabie, du Sénégal, adragante, d'acacia... 541
Gomme élastique................ 203
Gournables (chevilles).......... 137
Grignon........................ 0,0
Graine de trèfle et de luzerne... 549
— de rabette, de navette.. com. lin.
— de rocou.................. 0,0
Gravures encadrées............. 769
Grenailles à giboyer........... 852
Guitares.................. pièce 3 f.
Gutta-percha.................... 203

NOTES.

(1) *Dates des Lois et Décrets en vertu desquels les droits se perçoivent.*

A	15 mars	1791
B	17 décembre	1814
C	28 avril	1816
D	27 mars	1817
E	21 avril	1818
F	7 juin	1820
G	27 juillet	1822
H	17 mai	1826
J	26 avril.	1826
K	2 juillet	1836
Lb	5 id.	id.
L	6 mai	1841
M	9 juin	1845
N	11 id.	id.
O	22 id.	id.
P	21 novembre	1846
Q	15 décembre	1848
R	28 décembre	id.
Rb	10 juillet	1850
S	5 mars	1852
T	27 mars	id.
U	26 janvier	1853
V	30 avril	id.
W	17 mai	id.
(a)	19 août	1854
(b)	20 décembre	1954
(d)	16 juillet	1855
(e)	29 août	1855
(f)	10 décembre	1855
(g)	Loi du 26 juillet	1856

(2) Admissions temporaires en franchise de droits. (Décret du 11 octobre 1855.)

Pendant 3 années, à partir de cette date:

Les bois à construire.

Les bois d'ébénisterie en billes ou sciés à plus de 3 décimètres d'épaisseur.

La fonte brute.

Les fers en barres, tôles et cornières.

Le cuivre et zinc bruts.

Les chanvre et lin bruts et teillés.

Les brai et goudron.

Les suifs et autres graisses animales

destinés à la construction des bâtiments de mer,

seront admis en franchise, à charge de justifier, dans le délai d'un an à partir de l'importation, de l'affectation de ces produits à la destination déclarée.

(S'entendre avec les douanes pour la justification de l'emploi de ces matières et toutes les formalités qui s'y rattachent).

NOTA.— On a ajouté depuis le coton pour voiles.

(3) Ces renvois indiquent la provenance de quelques articles importants.

(3) d'Angleterre.

(4) des Indes anglaises.

(5) des Etats-Unis.

(6) de la Belgique.

(7) des Etats sardes.

(8) de la Suisse.

(9) de l'Algérie.

(10) d'Espagne.

(11) de la Toscane.

(12) de la Turquie.

(13) Excepté les voiles, ancres et mâtures qui ont des taxes spéciales.

(14) Ces animaux avaient été taxés à 25 cent. par le tarif primitif de l'assemblée nationale, et ce droit n'avait pas varié depuis. Il en vient des Etats sardes 8 à 900, et il en passe 12 à 14,000 en Espagne.

(14 bis) Il n'y a plus parmi les bestiaux vivants, que les chevaux et mulets qui payent des droits à l'entrée.

(15) 3/4 viennent de la Belgique, presque tout le surplus d'Angleterre. Loi du 8 juin 1845 pour celles de 14 cent. de largeur; pour les autres, loi du 17 mai 1826.

(16) Voir l'article Armes de guerre, et autres.

(17) On a rétabli la prohibition qui va reprendre, à dater du 17 octobre 1856. Cette admission au droit de 10 °/₀ n'était qu'une exception de circonstance et qui a donné lieu à une francisation de navires étrangers de 4700 tonneaux de jauge, sur la fin de 1855.

(18) Il n'y a que la Belgique qui nous fournisse de la betterave, 2 millions et demi de kil. en 1855.

(19) Nous ne recevons de beurre salé que de la Belgique, mais nous expédions des quantités beaucoup plus considérables en Angleterre, au Brésil et aux Colonies.

(20) Jouets d'enfants qui proviennent en grande partie d'Allemagne.

(21) Les bœufs et autres bestiaux n'entrent que par les frontières de terre, mais en quantités assez considérables.
C'est la Sardaigne qui envoie le plus grand nombre de bœufs. La Belgique nous fournit 25 à 30 mille vaches chaque année, et tout le lait qui vient de l'étranger.

(22) C'est l'épaisseur, la largeur et la longueur multipliées l'une par l'autre.

(22 bis) Le diamètre de la mâture se prend au 6e de la longueur, à partir du gros bout.

(23) Ce sont ceux en copeaux ou bûches irrégulières; les blocs, planches et madriers sont traités comme bois d'ébénisterie.

(23 bis) La boissellerie et les ouvrages en bois renferment beaucoup d'articles dont les plus importants sont dénommés au tableau n° 2.

(24) Bas, bonnets, gants, bourses et autres tricotés à la main, mais non les tricots en pièces.

(25) Elles doivent avoir pour première condition, au moins 150 mètres de long et 15 millimètres de diamètre, et être divisés en bouts de 25 à 30 mètres.

(26) On n'admet que les véritables cachemires de l'Inde, tous les autres sont prohibés.

(27) Sur 27 millions de kilogrammes de café entrés pour la consommation en 1855 5.670 viennent des Indes anglaises.
4,230 des Indes hollandaises.
5,160 d'Haïti.
5,031 du Brésil, quoiqu'il en soit entré en France 16 millions de kilos à toute destination.
(Augmentation sur 1854, 5 millions de kilos.)
Une réduction de droit sur le café pourrait être aussi profitable au trésor qu'aux consommateurs : on en prendrait davantage, et comme le sucre et alcool qui y entreraient dans la même proportion payent aussi de forts droits, il y aurait nécessairement une amélioration sur l'ensemble de ces trois produits.

(27 bis) Ne paye que les deux tiers du droit (13,33) quand elle vient en droiture des Pays-Bas par navire hollandais et français.
(Voir aussi les traités avec la Sardaigne).

(28) Voyez Cartes à jouer, au dictionnaire.

(30) On y assimile toutes les substances pulvérisées connues sous le nom de faux café.

(31) Cette suppression ne sera pas une grande perte pour le trésor, car il s'en présentait peu aux bureaux de terre. Ce droit de 50 cent. n'avait pas varié depuis sa création.
On sait que les fraudeurs emploient des chiens à transporter la contrebande sur les frontières de terre, mais les douaniers en ont aussi de bien dressés qui leur font une rude guerre. Les préposés qui les forment reçoivent une indemnité sur les saisies où l'animal a coopéré en arrêtant lui-même le quadrupède contrebandier.

(32) C'est une des branches productives des douanes. Sur 12 à 15 millions de kilos, deux tiers viennent ordinairement d'Espagne : l'autre tiers d'Italie.

(33) N'entre que par St-Louis, s'il en entre.

(34) Droit applicable à tous les clous et chevilles pour bâtiments de mer.

(35) Sauf les ouvrages simplement tournés qui payent comme mercerie.

(36) Quand ces cas se présentent, on s'entend avec la douane pour les mesures prescrites par le décret du 5 janvier 1855.

(37) Les eaux-de-vie sont ordinairement prohibées ou assujetties à de forts droits. L'entrée à raison de 15 fr. l'hect. n'en a été permise qu'à cause de la rareté momentanée des alcools.

(38) Ce qui s'entend de tout ce qui sert à vêtir les personnes des deux sexes. Il faut voir l'article *voyageurs*.

(39) Jus, sauces ou sucs épicés pour assaisonnement.

(40) Les fers en barres, sous les n°s 471 à 474, qui entrent par terre, payent comme par navire français.

Ces fers ont produit, en 1855, 1 million 803 mille francs,
en 1854, 0 363 fr.

Il y a eu également augmentation sur la fonte brute de 370,000 francs.

(40) Sauf beaucoup d'exceptions. (V. Ouvrages en métaux.)

(41) Les fils de lin ne viennent que de la Belgique, et de l'Angleterre pour les hauts numéros.

Voici cependant le tableau des droits actuels extrait de la loi du 9 juin 1845.

par 100 kil. fils de lin et de chanvre.		écrus.	blancs.	teints.
simples	de 6,000 mètres ou moins........ le kil.	fr. 38	fr. 54	fr. 58
	de plus de 6,000 mètres. .... au kil.	fr. 48	fr. 66	fr. 70
	de plus de 12,000. .... id.	80	106	106
	de plus de 24,000................ id.	125	163	160
	de plus de 36,000................ id.	165	212	200
retors	de 6,000 mètres ou moins........ le kil.	44	61	70
	de plus de 6,000 mètres......... au kil.	60	81	86
	de plus de 12,000. .... id.	104	136	134
	de plus de 24,000. .... id.	167	215	205
	de plus de 36,000. .... id.	225	287	260

On ajoutera au besoin la surtaxe.

Doivent être présentés en paquets séparés ne contenant chacun que des fils passibles du même droit :

Fil de mulquinerie; 40 fr. les 100 kil. à la sortie.

Ce fil avait été taxé d'abord à 244 fr. le kil. dans le tarif du 15 mars 1791.

(42) Par les seuls bureaux du Havre, Boulogne, Calais et Dunkerque. Après l'acquit des droits, ils reçoivent une marque pour la circulation. Il n'en vient que de l'Angleterre, très peu de Belgique.

(43) Ces fils de laine sont dirigés sur la douane de Paris pour y acquitter les droits. N'entrent que par les bureaux désignés note 42.

(44) Le droit actuel est réglé par le décret du 22 novembre 1853. Les morceaux accidentellement brisés sont admis.

(45) Le fromage pâte dure de Hollande, par navire hollandais et français, ne paie que 2/3 du droit (10 fr.), avec certificat d'origine. Le tête de mort en fait partie.

(46) Les derniers états de commerce portent à 27 millions la valeur des gants exportés: plus de la moitié passe en Angleterre, les 2/3 de l'autre moitié aux Etats-Unis.

(47) Quand la chasse n'est pas permise, le gibier est prohibé à l'entrée et à la sortie. Cependant les lièvres et les perdrix peuvent entrer en tous temps quand ils sont poursuivis par l'ennemi.

(48) La graine de sésame entre pour 32 millions de kilos dans les derniers états de commerce: 13 millions viennent de Turquie et 8 des Indes anglaises, qui en avaient expédié 15 millions en 1854.

Le colza et l'œillette ne sont venus que de l'Angleterre.

Le droit actuel se perçoit d'après le décret du 20 décembre 1854.

(49) Voir le mot Grains à son ordre alphabétique.

(50) Ne peuvent entrer que par les bureaux ouverts à la librairie. Encadrées avec glaces, elles payent comme meubles.

(51) Par mouvements d'horlogerie, on entend tout ce qui est nécessaire à la composition des montres et pendules. (V. la note 74.)

(52) Ponr éviter les embarras de la vérification, on peut acquitter, sur la capacité du navire, si la douane y consent, à raison de 1077 kil. par tonneau.

Les bâtiments à vapeur français peuvent prendre dans les entrepôts les quantités de houille nécessaires pour leurs voyages, en payant 15 cent. par 100 fr. de valeur.

(53) Par la rivière de la Meuse et le département de la Moselle, 10 cent. le quintal.

La Belgique nous fournit 25 millions de kil. de houille, et l'Angleterre seulement 7 millions et demi.

(54) Le droit de sortie ne se paie qu'à Paris. La plus grande partie de ces produits passent en Belgique, en Suisse, aux Etats-Unis, au Mexique.

(55 bis) Ne sont considérés comme laines communes que celles valant au plus, en suin, 1 fr. 50 cent., et lavées 3 fr. le kilo.

Sur une valeur de 69 millions importée en 1855, l'Angleterre y entre pour 26 millions, la Belgique 7, et l'Espagne 6.

(55 bis) Les légumes secs, pommes de terre et châtaignes, sont prohibés à la sortie jusqu'au 31 decembre 1856. (Décret du 8 septembre 1855).

Il y a diminution sur les riz des Indes anglaises, qui entrent presque pour moitié dans les 3 à 400 mille quintaux qui s'importent chaque année.

Les riz des Etats sardes payent par terre et par navire français 3 francs et par navires sardes, 8 francs les 100 kil.

(56) S'il est coupé, ourlé, etc. (V. pièces de lingerie cousues, n° 440.)

(57) Les livres doivent être présentés reliés, brochés: pour l'application de la taxe, si l'ouvrage est en deux langues, c'est la version qui détermine la quotité du droit. Les journaux en collection suivent le régime des livres. Aucune réimportation de livres imprimés en France ne peut avoir lieu sans autorisation.

(58) Les dernières taxes sur les machines et pièces détachées sont établies par le décret du 29 août 1855. Tout paie actuellement au poids. On sait que ce que nous en tirons de l'étranger provient des fabriques anglaises ou belges.

(59) Il n'en est venu en 1854 que de Bourbon et des Pays-Bas.

(60) Marbres en blocs ou en tranches. Droits modifiés par le décret du 26 juillet 1856. On n'en tire que de l'Italie.

(60 bis) Ne peuvent entrer que par les bureaux principaux, où le droit le plus analogue leur est appliqué. Mais ces cas sont rares aujourd'hui, où tout ce qui fait objet de commerce a reçu une taxe ou une assimilation.

(61) Les articles compris dans cette dénomination sont établis au tableau n° 2.

(61 bis) Rien de changé à la sortie: les meules à moudre paient 3, 6 ou 10 fr., selon les dimensions; et celles à aiguiser, le droit de la loi du 27 mars 1817.

(62) Ce qui comprend tous les ouvrages de mode.

(63) Après acquittement des droits, les montres sont envoyées à un bureau de garantie pour y être poinçonnées et y payer le droit de garantie. Une montre de voyageur passe sans difficulté.

(64) Lorsque la laine des moutons a plus de 4 mois de croissance, le droit de la laine se paie en sus.

(65) Nous en fournissons à l'Espagne 12 à 15 mille, et à Bourbon toujours un certain nombre.

Il n'en vient que des Etats sardes.

(66) Suit le régime des livres.
La musique manuscrite paie comme objet de collection.

(67) Nous en fournissons aux Anglais 8 millions de kilos nets; il y en a au moins 15 au kilo, ce qui donne 120 millions d'œufs par année.
La plus grande partie sort par Cherbourg et Gravelines.

(67 bis) Tous les ouvrages en or ou argent sont admissibles aux droits, mais tous les métaux dorés, argentés ou vernis sont prohibés.

(68) Doivent être importés en colis sans mélange d'espèces payant des droits différents.
Ceux des ouvriers qui viennent s'établir en France sont admis à raison de 15 p. °/ₒ de la valeur.

(68) Les besoins des arts et métiers ont nécessité beaucoup d'exceptions qui se trouvent taxées sous les dénominations d'outils, instruments, machines et mécaniques, mercerie, etc.

(69) Il y a exception pour les objets simplement tournés qui paient comme mercerie.

(70) Notre parfumerie va partout et notamment en Belgique, aux Etats-Unis et au Brésil.

(71) Les peaux grandes sont celles de bœufs, vaches et bouvillons; celles de veau entrent dans la classe des peaux de mouton.
Les peaux revêtues de leur laine paient sans égard au degré de croissance de la laine. Quant aux petites peaux d'agneau au-dessous d'un kilo, on ne fait pas attention à la laine.

(73) Manchons, palatines, garnitures, et toutes les pelleteries confectionnées pour vêtements.
Il y a exception à la prohibition pour les peaux préparées au tan et à l'alun. (V. le décret du 5 janvier 1856.)

(74) Les pendules peuvent entrer, si l'ouvrage qui renferme le mouvement n'est pas prohibé, et alors il y a deux droits à percevoir séparément pour la cage et le mouvement.

(74 bis) Ouvrages en métaux communs, vernis, dorés et argentés.

(75) Sauf ceux repris en bimbelotterie, mercerie, etc.

(76) Tel qu'il est extrait du nid de l'oiseau avec la paille et les parties terreuses.

(77) Les poils de blaireau et autres non dénommés paient, à la sortie, 50 cent. le kilo.

(78) Les poissons frais peuvent entrer par tous les bureaux, sauf la morue, qui est dans le régime des primes de pêche.

(79) La porcelaine fine est celle qui est dorée, peinte ou imprimée.

(80) Poudres dentifrices et autres parfumées pour la toilette.

(81) Il faut une permission de la régie pour en embarquer, soit pour l'armement, soit pour l'exportation. (V. Poudres à feu, au Dictionnaire.)

(82) On en trouvera beaucoup sous les anciens noms, plus généralement connus.

(83) Plus de la moitié des riz viennent des Indes anglaises.

(84) Des rubans de soie qui entrent en France, 2/3 viennent de la Suisse, 1/4 de la Belgique, mais nous en exportons en tous pays pour plus de 95 millions.

(85) Il en a été importé de l'Espagne, en 1854, 17,600 kil., mais acquitté seulement 2,500.

(86) Les 3/4 des sangsues nous viennent de la Turquie. L'Algérie nous en envoie aussi.

(87) Le sel ne produit plus que 26 ou 28 millions, dont il faut encore déduire le remboursement du droit payé sur les sels employés aux salaisons de viandes, beurre et produits chimiques qui passent à l'étranger.

(88) C'est la Turquie qui en importe la plus forte partie; les étoffes de soie pure unie proviennent des fabriques de Suisse pour les 4/5.

(90) Rien de changé jusqu'à présent à la taxe des sucres; mais à dater du 1er juillet 1858, il y aura une augmentation progressive sur les sucres bruts et raffinés des Colonies.

Au-delà du cap. il n'y a que Bourbon et Sainte-Marie-de-Madagascar pour les sucres, cafés et autres produits dénommés.

Il y a augmentation de 48 p. °/₀ sur les sucres étrangers, et 12 p. °/₀ sur les sucres des Colonies.

(Décret des 29 décembre 1855 et 23 juin 1856.)

(91) Sauf ceux provenant de la noix de Galles et des avelandèes. (Loi du 6 mars 1841.)

(92) Pour les exceptions en faveur des voyageurs et autres, (voir ce mot.)

(93) Pour jouir de cette modération, il faut justifier que ces thés proviennent de caravanes, et qu'ils sont arrivés par terre.

7*

(94) Sauf le nankin et le n° 404, la prohibition s'étend à tous les tissus où il entre du coton.

(95) Excepté les tapis, bonneterie, passementerie, et le n° 353 qui ont des taxes spéciales.

(96) Voyez effets à usage, *habillements, pièces de lingerie cousues.*

(96 bis) Sauf la passementerie et les n°s 243 et 986.

(97) Il n'en est pas entré d'après les derniers états de commerce.

(99) Le droit de 74 fr. a été supprimé par le décret du 16 juillet 1855, afin d'encourager les importations pour faire baisser les prix, mais il est douteux qu'on arrive à ce résultat tant que nos voisins pourront les enlever avec autant de facilité : le droit aboli à l'entrée aurait dû être reporté à la sortie ; le trésor y aurait gagné, et il nous en serait resté davantage.

(101) Les vaches et le lait ne viennent que de Belgique ; il en est entré 30,000 en 1855, et 3 à 4,000 bœufs.

(102) Paniers, corbeilles, mannes, paillassons, etc.

(103) Les 2/3 viennent des Indes anglaises et consistent en jute.

(104) Il n'y a d'exceptions que pour quelques instruments de chimie et autres articles qui rentrent dans la mercerie, bimbeloterie et objets de collection.

(105) Ce sont en général des produits de l'industrie de Venise et de la Bohême.

CHANGEMENTS SURVENUS ET CORRECTIONS

Au tableau n° 1er.

1 57 Bâtiments de construction étrangère continuent d'être admis jusqu'au 17 octobre 1857. (D. du 18 octobre 1856.)

2 549 Graine de ricin paiera comme graine de colza, n° 550, 2e colonne.

3 632 Laine peignée, par navires français, le kilo. 7 francs.
id. étrangers, id. 8 id.

4 36 Animaux vivants.—A la sortie, 1/4 p. %.

5 1018 Volailles mortes.—Sortie: 25 fr.

6 99 Bois feuillard.— Sortie: *V. le tableau n°* 2.

7 470 Fers en barres. *Voir la note* 40.

8 842 Voir l'exception à la prohibition des peaux, note 73.

9 457 Etain ouvré P., ajouter: *sauf le n°* 789.

10 1013 Vins et Vinaigres en bouteilles, même droit: ajouter: *que ceux en futaille.*

11 846 Perles fines; au lieu de kilo, c'est *hectog.*

12 661 Kermès en grains.—Entrée: 0,0.

Au tableau n° 2.

Plumes de coq.	856
Lait.	67
Porcs.	par tête 25 cent.
Alpiste.	630
Sel végétal.	3
Coques de coco.	553
Archets de violon.	706
Citrate de chaux.	*le kilo.*
Perches.	au n° 96.
Laine teinte (s'il en venait).	7
Bois d'ébène.	44
— de citron, de fer, de courbari, etc.	108 ou 127
Vinaigres parfumés.	421
Tulle de coton avec application d'ouvrages en dentelles en fil.	404

Page 11.—Bois des Colonies, n° 871.
Potasse et Poivre, id., n° 875 et 869.

Décrets relatifs aux denrées alimentaires, prorogés jusqu'au 31 décembre 1857.

CONTRAVENTIONS ET AUTRES CAS

Qui donnent lieu à des amendes et confiscations.

Embarquement oudébarquement de marchandises sans le permis de la douane.

Déclaration en détail non produite dans les trois jours de l'arrivée du navire.

Si la déclaration se trouve fausse dans la qualité ou l'espèce.

S'il y avait excédant sur le poids, la mesure ou le nombre.

S'il se trouvait des colis en plus ou en moins.

Si les marchandises n'étaient pas conduites directement à bord après l'acquittement des droits.

Soustraction frauduleuse de marchandises de l'entrepôt réel.

Enlèvement, avant l'acquit des droits, des denrées coloniales et autres objets d'entrepôt fictif.

Réexportations d'entrepôt dont la sortie intégale ne serait pas justifiée.

Marchandises d'entrepôt expédiées par mutation, et dont l'arrivée à destination ne serait pas constatée.

Expéditions en transit. Si on cherchait à s'attribuer une prime qui n'est pas due, ou à en obtenir une plus forte que celle allouée.

Pour les transports par cabotage. S'il y a déficit au départ ou excédant à l'arrivée de plus d'1/20e, ou différence dans l'espèce des marchandises, d'après les expéditions.

Il y a d'autres cas plus graves pour les introductions hors des ports de commerce.

C'est ici le moment de rappeler que les négociants sont civilement responsables des hommes à leur service qu'ils emploient pour leurs affaires en douane.

DROITS A PAYER A L'OCTROI

Pour l'entrée à Paris des objets de consommation ci-après

(décimes et tout compris).

Vins en futailles, l'hectolitre, droit du Trésor.	8 f.	»
ajouter les 2 décimes. . . .	1	60
	9	60
Pour l'octroi, 10 fr., décime, 1 fr. . .	11	»
Par hectolitre. . .	20	60
Vins en bouteilles, pour le Trésor.	9	60
pour l'octroi, 17 fr.; décime, 1 fr. 70.	18	70
L'hectolitre en bouteilles. . . .	28	30

Toute bouteille paie comme litre; demi-bouteille, demi-litre.

Les vases contenant plus de 5 litres paient comme en cercles.

Les eaux-de-vie et esprits, fruits confits à l'eau-de-vie, etc., paient à raison de l'alcool pur qui s'y trouve, par hectolitre,

Pour le Trésor, décimes compris. . .	79	20
Pour l'octroi, le décime compris. . . .	25	85
Un hectolitre d'alcool.	105	05
Cidre, poiré, pour tout. . . . . l'hectol.	9	98
Vinaigre, et tout ce qui en tient lieu. . . . . . . id.	11	»
Bière à l'entrée. . . . . id.	4	18
à la fabrication. . . . . id.	8	14
Huile d'olive, fruits et conserves à l'huile. . . . . id.	41	80
Viande de bœuf, mouton, porc, chèvre, à l'entrée, les 100 k.	11	71
Jambons, viandes fumées. . . . . id.	22	77
Truffes, pâtés, volailles, et autres viandes truffées. id.	110	»

Dindes et oies	les 100 kil.	16	50
Autres volailles, gibier, viandes non truffées	id.	33	»
Saumon, aloses, barbues, turbots, truites, bars, soles, mulets, homards et crevettes	id.	66	»
Tous autres poissons	id.	16	50
Huîtres, autres que de Marennes	id.	5	50
d° marinées	id.	11	»
Poissons marinés	id.	33	»
Beurre	id.	11	»
Œufs	id.	2	59
Fromage	id.	10	45
Sel	id.	5	50
Bougies stéariques	id.	17	60
Chandelles et suif brut	id.	6	60
Charbon de bois	l'hectol.	»	55
Houille et coke	100 kilos.	»	66

CAEN. — IMPRIMERIE DE E. POISSON

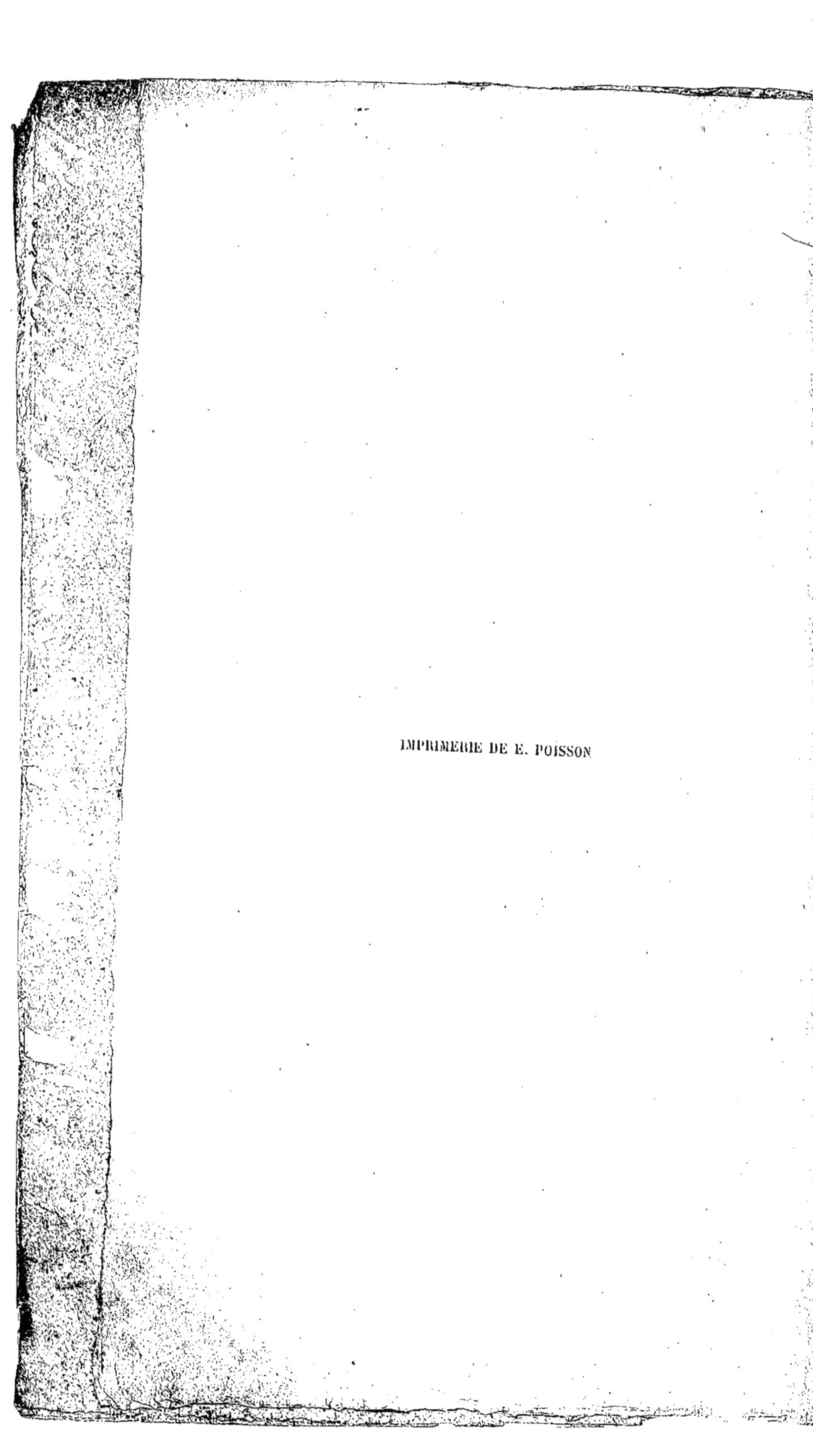

IMPRIMERIE DE E. POISSON

www.ingramcontent.com/pod-product-compliance
Ingram Content Group UK Ltd.
Pitfield, Milton Keynes, MK11 3LW, UK
UKHW022115190726
13855UKWH00003B/871